일본인과 쇼군

서현섭

1944년 전남 구례에서 태어나 건국대학교 정치외교학과와 일본 메이지대학원을 졸업(법학박사)하고, 네덜란드 암스테르담대학원을 수료, 규슈대학에서 명예박사를 받았다. 2016년 방송통신대학교 중문학과를 졸업했다.

일본 대사관 및 러시아 대사관 참사관, 파푸아 뉴기니 대사, 후쿠오카 총영사, 요코하마 총영사, 교황청 대사, 나가사키현립대학 교수 등을 역임하였다.

저서에 『구례에서, 세계로』, 『한중일의 갈림길, 나가사키』, 『일본극우의 탄생 메이지유신 이야기』, 『일본은 있다』, 『일본인과 천황』, 『일본인과 에로스』, 『日韓あわせ鏡』, 『日韓の光と影』 등이 있다.

좌우명: 活到老, 學到老(살아 있는 동안은 배운다)

일본인과 쇼군

2025년 1월 24일 초판 1쇄 펴냄

지은이 서현섭
펴낸이 김흥국
펴낸곳 보고사

책임편집 황효은
표지디자인 김규범

등록 1990년 12월 13일 제6-0429호
주소 경기도 파주시 회동길 337-15 보고사
전화 031-955-9797 팩스 02-922-6990
메일 bogosabooks@naver.com
http://www.bogosabooks.co.kr

ISBN 979-11-6587-706-4   03910
ⓒ서현섭, 2025

정가 16,000원

일본인과 쇼군

서현섭 지음

보고사
BOGOSA

책머리에

2024년 갑진년, 여든 살의 인생행로에 접어든 이정표이다. 긴 세월의 여정을 그런대로 큰 탈 없이 엮어 온 것을, 조촐하게나마 자축하고 싶어졌다. 노욕인가.

궁리를 거듭하다 결국 팔순 기념으로 일본에 관한 열 번째 책을 출간하기로 했다. 서고에서 먼지를 뒤집어쓰고 있는 기십 권의 책을 뒤적거렸다. 주제를 '무사도'와 '쇼군'으로 좁혀 결국 '일본인과 쇼군'을 택했다. 『일본인과 에로스』(1995), 『일본인과 천황』(1997)과 더불어 3부작의 마무리를 짓는다는 의미도 있다.

이 책의 원고가 거의 마무리된 9월 18일 자 『아사히 신문』에 흥미 있는 기사가 게재되었다. 미국 월트 디즈니의 케이블 FX가 제작한 드라마 〈SHOGUN將軍〉이 제76회 에미상에서 작품상을 비롯해 사상 최다인 18개 부분을 휩쓸었다는 뉴스다. 도쿠가와 이에야스와 일본에 표착한 영국인 미우라 안진William Adams을 모델로 한 인물이 패권의 시대를 헤쳐 나가는 장대한 스케일의 시대극이라고 한다. 이 책의 "[칼럼] 이에야스, 푸른 눈의 사무라이 발탁(p.94)"과 맥이 닿는지 궁금해진다.

무사와 쇼군의 탄생 배경 그리고 에도 막부 700년간에 달하는 무가 정권의 총수인 '쇼군'을 중심으로 한 일본의 역사적 흐름을 쉽게 풀어보려고 시도했다. 가마쿠라 막부와 무로마치 막부는 에도 막부로 건너가는 징검다리라고 할 수 있어 간략하게 다루었다. 아울러 딱딱하고 읽기 힘든 일반 역사서에서 벗어나 에피소드를 섞어서 쉽고 재미있게 읽을 수 있도록 하면서 당시의 한일 관계에 대해서도 시선을 떼지 않았다. 에도 막부 붕괴는 메이지 유신으로 이어지는데 메이지 유신에 대해서는 2019년에 간행한 졸저 『일본 극우의 탄생 메이지 유신 이야기』로 가름하고자 한다.

출판계의 사정이 녹록지 않다고 하는데 매번 흔쾌히 책의 출판을 맡아준 보고사 김흥국 사장님과 졸문을 근사하게 다듬어준 박현정 편집장, 황효은 편집인에게 감사를 드린다. 또한 50년의 세월을 함께한 반려자 강은숙에게 그간의 뒷바라지에 감사를 표하고 아울러 악필의 원고를 입력해준 장녀 윤정과 일본 책을 보내준 시마다 마리島田眞里 · 와타나베 미키오渡辺幹雄 부부에게도 고마움을 전한다.

일산 호수공원이 내려다보이는 창가에서
서현섭

차례

日本人

将軍

제1장

고대 일본 정권의 탄생

1 | 왜왕에서 '일본' 천황으로

한자로 쓰여진 일본 고대사에 관한 최초의 기록은 후한後漢의 반고班固(32~92)가 편찬한 『한서』의 「지리지」에 보인다. 일본열도는 100여 국으로 나뉘어져 있으며 중국에 조공을 헌상했다고 기술되어 있다. 또한 진晉의 진수陳壽(233~297)가 편찬한 『삼국지』의 「위지왜인전」에 의하면 3세기경 일종의 여자 제사장이었던 히미코卑彌呼 여왕을 받드는 야마타이코쿠邪馬台國가 30여 개의 소국을 복속시켜 연합 정권을 형성하였다고 한다. 야마타이코쿠의 위치와 관련하여 나라奈良를 중심으로 하는 기나이설畿內說과 규슈 북부를 중심으로 하는 규슈설九州說로 나뉘어 오랫동안 논쟁이 계속되어 왔으나 최근에는 기나이설이 설득력을 얻고 있다.

히미코는 서기 239년 위魏의 수도 낙양에 사신을 보내어 명제明帝에게 공물을 바치고 친위왜왕親魏倭王이라는 칭호가 새겨진 금인을 받았다. 히미코는 이 칭호로 왜국倭國에서 지배권의 강화를 꾀했다. 한편 히미코가 신라 아달라왕 20년 여름에 사신을 보내왔다고 『삼국사기』에 기록되어 있다.

4세기 무렵에 나라현 야마토大和에 대왕을 중심으로 하는 유력

호족들의 연합 정권인 야마토 정권이 출현하였으며 씨성제도氏姓制度라는 지배체제로 운영되었다. 씨성제도는 씨족을 단위로 한 야마토 조정의 정치 조직으로, 단위는 우지氏이고 그 정치적 자격을 나타내는 것은 가바네姓이다. 씨족의 수장이 대왕으로부터 계급적 칭호인 오미臣, 무라지連 등의 가바네를 하사받아 국정을 운영했으며, 가바네를 수여하는 권한은 대왕에서 천황으로 이어졌다. 현대 일본인은 엄밀하게 말하면 성姓을 갖고 있는 것이 아니라 묘지名字 즉 씨족명을 갖고 있는 것이다. 성은 천황이 하사한 것이고, 묘지는 각자가 지을 수 있다.

야마토 시대大和時代(4세기경~7세기 중반) 고구려, 백제 등이 한자와 불교, 천문지리, 철기 등에 관한 지식과 기술을 전해주어 일본 고대 국가 발전에 기여한 바 적지 않았다. 이는 쇼와昭和 천황(재위 1926~1989)도 공식적으로 언급한 바 있다.

1984년 9월 한국 국가 원수로서 처음으로 일본을 공식 방문한 전두환 대통령을 위한 만찬회에서 쇼와 천황은 "우리나라는 귀국과의 교류로 많은 것을 배웠으며, 특히 6~7세기의 일본의 국가 형성기에 다수의 귀국인이 도래하여 학문·문화·기술 등을 가르쳐 주었다"고 언급하였다. 이는 단순한 외교적 수사가 아니라 일본의 문헌에 의거한 고대 한국 문화의 선진성을 평가한 것이다.

야마토 정권은 호족들의 대립으로 동요하기 시작했다. 이때 정권 강화를 목적으로 정치 개혁을 추진한 인물이 일본 최초의 여제女帝인 스이코推古 천황(554~628)의 조카이자 섭정이었던 쇼토쿠聖德 태자(574~622)였다. 쇼토쿠 태자는 607년에 수隋나라에 오노노 이모코 小野妹子를 파견했으며, 백제계의 도래인 구라쓰쿠리 후쿠리鞍作福利 가 통역으로 활약했다. 오노노 이모코가 양제에게 바친 국서에 '해 뜨는 곳의 천자가 해 지는 곳의 천자에게 글월을 보낸다'는 문구가 있다. 양제는 심사가 불편했으나 고구려를 견제할 셈으로 일본에 답 례사를 보냈다. '해 지는 곳'의 수나라는 일본 사절을 접수한 11년 후인 618년에 멸망하고 만다.

덧붙이면 이름 때문에 오노노 이모코를 여성으로 오해할 수 있 으나 사실은 남성이다. 중국의 경우, 공자, 맹자가 보여주는 바와 같 이 위대한 사상가의 이름에 선생을 의미하는 '자子'를 붙였다. 고대 일본에서도 인명에 자子를 붙이는 것은 남녀를 상관하지 않았다. 남 성 이름에도 드물지 않게 사용되었다.

수의 답례사가 귀국할 때 오노노 이모코도 동행했다. 그가 지참 한 국서에 '동쪽의 천황이 삼가 서쪽의 황제에게 아뢴다'라는 기록 이 『일본서기日本書紀』에 보인다. 왜의 '대왕'이 스스로를 '천황'으로 칭한 예가 문헌에 보인 것은 이때가 처음이다. 다만 일본은 '천황'을 '덴노'라고 하지 않고 천하를 통치하는 천황이라는 의미로 '스메라 미코토皇尊'라고 했다.

일본의 천황 운운하는 국서는 고구려·백제·신라 3국에 대해 일 본의 우위를 과시하는 한편 중국과는 대등하다는 것을 보이기 위 해서였다. 일본은 역사적으로 중국 황제를 중심으로 한 중화 질서 에 부단히 도전하면서 중국과 맞먹기 위해 그 나름대로 진력하여

1871년 청일 간에 체결된 수호조약에서 국제법적으로는 중국과 대등한 관계를 구현했다.

'대왕'을 '천황'으로 바꾼 '왜'는 701년 다이호大寶 율령 공포 전후로 국호를 '일본'으로 바꾸었다. 일본이 당과 외교 관계를 유지하고 선진 문물을 수입하기 위해 702년 당唐나라에 파견한 견당사遣唐使는 '일본국 대사大使'로 칭했다. 일본의 국명이 '왜'에서 '일본'으로 바뀐 사실은 신라에도 알려졌다. 『삼국사기』 문무왕 10년(670)의 기록에 "왜국이 이름을 바꾸어 일본으로 하였다. 스스로 말하기를 해 뜨는 곳에서 가깝기 때문에 그렇게 이름 붙였다"고 기술되어 있다.

'왜국'이 '일본'으로 탈바꿈할 무렵 한반도에서는 통일신라가 출현하게 된다. 그러나 한국의 문헌 등에서는 '왜', '왜국'이 여전히 관습적으로 사용되었다. 일본에서도 '왜' 자를 사용하기도 했다. 예컨대 일본 최초의 사서 『고사기古事記』(712)에 '왜'라는 글자는 인명까지 포함하여 60여 회 쓰였는데 모두 '야마토'라고 읽었다. 덴지 천황의 황후 야마토히메노오키미倭姬王의 이름에서도 '왜'를 볼 수 있다. '야마토'는 중국의 주 왕조와 마찬가지로 왕조명인 동시에 국명으로 사용되었다.

항일 항쟁기 마오쩌둥의 연설문에 '일구日寇'라는 어휘가 보이기는 하나, 현대 중국에서 '왜'는 거의 사용되지 않는다. 반면 한국에서는 '왜'가 오늘날에도 일상적으로 사용된다. 국어사전을 보면 '왜'와 관련된 파생어는 왜국·왜인·왜놈 등 30여 개에 달하나 '일본' 관련 파생어는 상대적으로 적다는 사실을 알 수 있다. '임진왜

일본인과 쇼군

란'(1592~1598)과 같이 지금도 한국사 교과서에 '왜'라는 표기가 보인다. 6·25전쟁에 참전한 중국 군대를 한때는 '중공군'이라 했지만, 언제부터인가 '중국군'이라 표기하고 있다. 따라서 '임진왜란'은 '임진전쟁'으로 표기하는 것이 바람직하리라 본다.

한편 천황에 대한 호칭은 1392년 조선 건국 이래 19세기 말까지 『조선왕조실록』과 통신사의 일본 방문기, 문집 등에서 '천황', '왜황', '일황' 등 다양하게 사용되어 왔다. 조선 제일의 지일 외교관이라고 할 수 있는 신숙주는 1471년 『해동제국기』에서 '천황'으로 명기했다.

천황의 호칭 문제는 오늘의 한국에서도 의견이 분분하다. 언론 등에서는 주로 '일왕'으로 표기하고 있으나 공식적으로는 1998년 9월 김대중 대통령의 일본 국빈 방문 발표 때부터 '천황'으로 지칭해왔다. 방일에 앞서 김대중 대통령은 전후 평화 노력을 지속하는 일본을 있는 그대로 보자는 취지에서 '천황'을 정부의 공식 호칭으로 사용키로 했다고 언급했다.

하지만 지금도 '천황'을 공식적으로 사용하는 것은 부적절하다는 의견과 고유 명사에 불과하다는 의견이 맞선다. 영미권 국가들은 예외 없이 '천황'을 'king'이 아니라 'emperor'로 호칭하며, 중국의 공산당 기관지 『인민일보』도 '천황'으로 부르고 있다.

중일 국교 정상화 20주년인 1992년 10월 쇼와 천황이 중국을 공식 방문하여 "일본이 중국 국민에 다대한 고난을 끼친 것을 반성하고, 평화 국가의 길로 나아갈 것을 굳게 결의했다"고 언급, 과거사 문제에 일단 종지부를 찍었다. 이는 중국 측이 일본의 국가 원수를

'천황'으로 공칭했기에 가능했던 것이다. 한일 국교 정상화 60주년이 되는 적절한 시기에 천황의 방한을 통해 과거사 문제에 대해 마침표를 찍기를 기대해 본다.

강제 징용 등 한일 간의 과거사 갈등이 미해결 상태로 있는 가운데 '천황'을 공식적인 호칭으로 사용한 것은 적절치 않다는 지적도 만만치 않으나 외교는 상대방이 있는 것이기 때문에 상대국 관례에 따르는 것이 적절하리라고 본다.

덧붙이련 일본 언론은 한반도를 '조센한토朝鮮半島'라고 쓰고 있으나 대한민국 헌법에서 '대한민국의 영토는 한반도와 그 부속도서'라고 규정하고 있으니 한반도로 표기해야 할 터이다.

2 | 천황 암살 사건

서기 538년에 불교가 백제로부터 일본에 전래되자 야마토 정권의 지배계급인 호족 세력 간에 불교 수용 여부를 둘러싸고 격렬한 대립이 발생했다. 불교 용인 문제는 단순한 신흥 종교의 수용에 그치는 것이 아니라 씨성제도를 기반으로 하는 호족 연합 정권이 중앙 집권적 율령 국가로 변혁되는 것을 의미하기 때문이었다.

당시 일본은 유력 호족 세력 간에 커다란 지각 변동이 일어나고 있던 무렵이었다. 80여 년간 대호족으로서 군사권을 장악하여 세력을 떨치던 모노노베物部 가문의 세도가 점차 쇠퇴하기 시작하고 재정을 담당하던 소가蘇我 가문이 신흥 세력으로 부상하였다.

모노노베씨는 대대로 전통적인 신도神道를 숭상하는 집안으로 보수적 색채가 강했다. 반면에 신흥 세력인 소가씨는 한반도로부터 건너온 도래인과 교류하면서 선진 문화 수용에 적극적이었다. 소가 가문을 융성시켜 정권을 장악한 소가노 이나메蘇我稲目의 부친이 소가노 고마蘇我高麗, 즉 고려高麗라는 것은 소가씨와 한반도와의 관계가 예사롭지 않다는 것을 보여주는 것이다. 이 같은 상이한 가문 배경에 따라 소가씨는 불교가 전래되자 이를 수용하고 집 안에 불상을 안치하였으며 사원 건립에도 적극적이었다. 한편 587년 제31대 요메이 천황이 타계하자 후임 천황을 둘러싸고 모노노베씨와 소가씨가 정면 대결을 벌였으나 모노노베씨는 역부족으로 정권의 핵심에서 물러나고 소가씨가 조정의 실권을 장악했다.

592년 가을, 소가씨가 옹립한 제32대 스슌崇峻 천황은 어느 촌부로부터 멧돼지 한 마리를 헌상받았다. 그때 천황이 멧돼지를 손가락으로 가리키며 "언젠가 이 멧돼지의 목을 자르는 것처럼, 그자의 목을 딸 것이다"라고 혼잣말처럼 중얼거렸다. 이 말을 전해들은 당대의 세도가 소가노 우마코蘇我馬子는 천황이 자신을 극도로 증오하고 있다고 여겨 자객을 보내 천황을 암살하게 된다. 일본 역사에서 천황이 신하에 의해 시해된 처음이자 마지막 케이스이다.

소가노 우마코는 스슌 천황을 암살한 다음 질녀를 제33대 스이코 천황(재위 592~628)으로 옹립하고 593년 소가씨의 피가 섞인 쇼토쿠 태자(574~622)를 섭정으로 했다. 『일본서기』에 의하면, 요메이 천황의 황후가 임신 중에 궁중을 산책하던 중 마구간 앞에 이르렀을 때 산기를 느껴 태자를 낳았다고 한다. 그래서 태자를 우마야도廐戶 (마구간) 황자라 했다고 한다.

한편 쇼토쿠 태자는 소가씨의 기대와는 달리 603년 관직의 위계인 관위官位 12계를 제정하고 이어 604년에는 일종의 도덕률인 17조의 헌법을 제정하는 등 천황 중심의 중앙집권체제를 추진했다. '헌법'이라는 어휘는 이 '헌법 17조'에서 유래되었다.

30년 가까이 섭정으로 천황을 보좌하던 쇼토쿠 태자가 622년 48세로 생애를 마치자 소가씨는 권력을 독점하여 전성기를 구가하였다. 소가씨의 전횡에 불만을 품고 있던 나카노 오에中大兄 황자는 나카토미노 가마타리中臣鎌足(614~669)와 결탁하여 소가씨를 제거하려는 음모를 꾸몄다. 645년 6월, 삼한(고구려·백제·신라) 사절이 왔다고 속여 소가노 이루카蘇我入鹿를 궁중으로 유인하여 고교쿠 천황의 면전에서 나카노 오에 황자가 단칼에 처치해 버렸다. '잇시乙巳의 변'이다. 이루카의 아버지 소가노 에미시蘇我蝦夷가 자포자기하여 저택에 불을 지르고 자결함으로써 소가씨의 4대에 걸친 영화와 부귀는 한 줄기 연기처럼 사라졌다.

이루카가 살해된 현장은 잘 꾸며진 무대와 같다. 우선 천황 암살을 사주한 자는 반드시 응보의 대가를 치러야 한다는 전제가 깔려 있으며 그 응징의 칼날을 황자가 휘둘러 천황교 신자들의 마음을 시원하게 해주고 있다.

또한 이 무대에 조연으로 등장한 것이 바로 삼한 사절이다. 일본에서는 고구려, 백제, 신라를 합쳐 부를 때 '삼한'이라고 했는데, 당시 3국은 합동으로 일본에 사절을 파견할 형편이 아니었다. 백제는 그 무렵 신라의 미추성을 포함한 40여 개의 성을 탈취하고 대야성을 함락하는 등 전쟁 상태에 있었고, 고구려는 당나라와 안시성 싸움이 끝난 직후였다. 따라서 이때 실제로 삼한의 사절이 일본에 파견되어 잇시의 변을 목격할 수는 없었을 것이다. 그러나 도래인과 예사롭지 않은 관계가 있는 것으로 보이는 당대의 권문세가 소가씨의 대표 주자가 한반도의 사절 앞에서 천황의 후계자에 의해 천황 암살 대가를 치른다는 프레임은 일본의 전형적인 복수극을 연상시킨다.

3 | 다이카 개신

645년 6월, 소가노 이루카의 암살 현장을 지켜본 천황은 다름 아닌 나카노 오에 황자의 어머니 고교쿠皇極 천황(재위 642~645)이었다. 여제는 안하무인인 소가 일족을 타도하여 천황의 권력을 강화하려는 아들의 대의명분을 이해 못 하는 바는 아니었지만, 대명천지에 더욱이 자신이 지켜보는 가운데 벌어진 참혹한 살상극에 진저리를 내고 천황 자리에서 물러나고 말았다.

고교쿠 천황은 스무 살의 나카노 오에 황자에게 양위하겠다고 했다. 그러나 황자는 완강히 사양하며 대신에 오십 줄에 접어든 숙부를 제36대 고토쿠孝德 천황(재위 645~654)으로 옹립하고 자신은 태자로 머물렀다. 당시 50대라면 지금의 70대 중반쯤 되는 고령인 데다 조카한테 등 떠밀려 황위에 오른 그는 허수아비 천황 노릇을 할 수밖에 없었다.

나카노 오에 태자는 조정의 실권을 장악하고 내대신內大臣에 임명된 쿠데타의 설계자 나카토미노 가마타리와 함께 천황 중심의 중앙집권적 체제를 구축하기 위한 정치 개혁을 추진하였다. 중국의 전제 군주제를 모방하여 일본 최초로 연호를 '큰 변화'를 의미하는 다이

일본인과 쇼군

카大化로 정하고 645년을 다이카 원년으로 하였다. 호족에 대한 황실의 우위를 확보하여 중앙집권을 실시하려는 정치적 개혁인 다이카 개신은 19세기 말의 메이지 유신과 맞먹는 대변혁이었다.

다음 해 646년 정월에 신정부의 개혁 방침을 발표하여 호족의 토지 사유를 금지하고 토지와 백성은 천황의 것이라는 공지공민제公地公民制를 실시, 호적과 조세 제도 등을 재정비했다. 또한 행정구역은 전국을 60여 개의 구니國로 나누고, 하나의 '구니'는 다시 군郡과 고鄕로 나누었다. 구니에는 도지사 격인 고쿠시國司가 파견되어 행정, 재판, 군사 및 경찰의 전권을 행사했다. 고쿠시 밑의 군지郡司에는 지방의 호족을 임명하였다.

일본의 현 행정 구역은 간토關東, 시고쿠四國, 주고쿠中國 등 8개 지역으로 나누어져 있는데 '구니' 즉 '국國'의 의미가 같은 한자 문화권인 한국과는 다르게 사용되고 있음을 알 수 있다.

노벨 문학상을 수상한 가와바타 야스나리(1899~1972)의 명작 『설국雪國』의 첫머리는 이렇게 시작된다. "국경의 긴 터널을 빠져나가자 설국이다." 여기서 지칭하는 '국경'은 국가 간의 경계가 아니라 군마현과 니가타현의 경계를 의미하는 것으로 현의 '경계'를 고풍스럽게 표현하고 있다. 설국은 에치고노쿠니越後國, 즉 니가타현이다. 1868년 메이지 유신 때부터 일본에서 구니는 영어의 province와 같은 의미로 사용되었다.

각설하고, 호족의 영향력을 줄이기 위해 수도를 나라의 아스카飛鳥에서 나니와浪速(오사카)로 옮겼다. 호족 세력을 억압하고 중앙집권체제를 확립하는 개혁에 여념이 없던 나카노 오에 태자는 무엄하게도 황후를 넘보았다. 황후는 태자의 친여동생이었다. 나카노 오에 태자는 나니와로 천도한 지 불과 6년 만인 653년에 천황 혼자만 덜렁 놔두고 문무백관을 데리고 옛 도읍지 아스카로 돌아와 버렸다. 이때 20대 후반이었던 황후는 할아버지뻘인 고토쿠 천황에게 서둘러 하직 인사를 하고 오빠를 따라나섰다. 황후에게 버림받은 천황은 이듬해에 울화병으로 세상을 떠났다.

고토쿠 천황이 별세했을 때 나키노 오에 태자는 30대로 접어들었고 이미 10년 동안 실세로서 정무를 처리해 온 그로서는 황위에 오를 만했다. 그러나 그는 이번에도 즉위하지 않고 정치에 환멸을 느껴 수년 전에 천황의 자리에서 물러난 고교쿠 천황, 즉 자신의 어머니를 사이메이齊明 천황(재위 655~661)으로 다시 즉위시켰다. 친동생인 황후와의 부적절한 관계를 가졌던 나가노 오에는 황후한테 버림받아 화병으로 세상을 떠난 고토쿠 천황의 후임 자리에 덥석 앉을 수가 없었던 모양이다.

661년 67세로 사이메이 천황이 타계하자 나카노 오에 태자는 이번에는 황위를 공석으로 놔두고 천황으로 행세했다. 이 과도 기간 중인 663년 왜가 백제 왕자 풍豊을 구하기 위해 백강(금강 하구 유역)에서 백제·왜 연합군이 신라·당나라 연합군과 대치하기에 이르렀다. 나카노 오에는 1년간 준비하여 '백강 전투(백촌강 전투)'에 2만 7천 명의 병력을 파견했으나 참패하여 퇴각하였다.

백제 부흥군의 거점인 주류성이 함락되자 왕자 풍은 고구려로

피신했고, 다수의 백제 왕족과 귀족이 일본으로 망명했다. 나카노 오에 태자의 백강 전투 참전은 백제 지원이라는 측면 이외에 국내 정국이 제대로 풀리지 않아 이를 전쟁으로 타개하려는 측면도 있었다. 고래로 권력자는 내정 실패에 의한 난국을 수습하기 위해 백성들의 눈을 밖으로 돌리게 하는 수법을 사용하곤 했다. 국운을 걸고 대규모 병력을 동원한 전투에서 맥없이 패배하자, 나카노 오에는 국력 강화의 필요성을 절실히 느끼고 율령체제 정비를 서두르는 한편 후쿠오카 부근의 다자이후大宰府, 쓰시마對馬 등에 변방 수비대를 배치하여 나당 연합군의 침입에 대비했다.

한편 다이카 개신의 공신인 나카토미노 가마타리는 55세로 세상을 떠날 때 쿠데타의 동지이기도 한 나카노 오에 황자가 덴지 천황으로 즉위한 후에 후지와라藤原 성씨를 하사받았다. 그 후 후지와라 씨는 천황의 외척으로서 천황이 어리거나 병약할 때 보필하는 섭정攝政과 성년이 된 천황을 보좌하며 정치를 행하는 관백關白의 직을 독점하여 3대에 걸쳐 100년간 국정을 총괄했다. 이를 섭관정치攝關政治라고 한다.

후지와라씨 중에서도 최고의 영화를 누렸던 후지와라노 미치나가藤原道長(966~1027)는 딸 네 명을 차례차례 황후로 보내어 천황의 외조부로서 약 30년간 누구도 넘볼 수 없는 권력자가 되었다. 미치나가는 '이 세상을 내 것이라 여기면 그믐달도 기울지 않는 법'이라고 득의양양했다. 그러나 딸들이 연달아 병사하자 섭관정치는 그의 대에서 끝나고 권력은 양위한 천황, 즉 상황에게 넘어가고 말았다.

4 | 숙질간의 혈전, '진신의 난'

백강 전투 4년 후인 667년 나카노 오에 태자는 아스카에서 오쓰 大津로 도읍을 옮기고, 다음 해에 제38대 덴지天智 천황(재위 668~671)으로 등극했다. 사련邪戀의 상대였던 여동생이 마흔 살을 채 넘기지 못하고 2년 전에 죽었기 때문에 홀가분한 마음으로 즉위할 수 있었다.

덴지 천황은 동생인 오아마大海人를 황태제皇太弟로 임명하였다. 일본에서는 고대로부터 형제간에 왕위를 계승하는 관습이 있었다. 즉위 3년째인 671년 1월, 덴지 천황은 태정대신太政大臣(조정의 최고직이나 정무를 직접 관장하지 않은 명예직)이라는 관직을 신설하여 자신의 아들인 오토모大友 황자를 그 자리에 앉혀 정무 일체를 관할토록 했다. 이는 동생 오아마에게 황위의 계승을 포기하라는 암시였다. 오토모의 어머니는 미천한 신분 출신이었다. 당시 황위 계승은 황족이나 유력호족 출신의 소생이어야 한다는 불문율이 있었다. 특히 천황에게 어머니가 같은 형제가 있을 경우에는 형제 승계가 원칙이었다. 그러나이 같은 관례를 무시하고 덴지 천황은 자신의 핏줄인 오토모를 후계자로 삼으려 했다.

671년은 이상 기후로 8월인데도 3일간 덥다가, 3일간은 추웠다.

덴지 천황은 감기가 악화돼 병상에 눕게 되었고, 밤에는 자신이 처치했던 소가노 이루카의 악몽에 시달렸다. 그해 늦가을 덴지 천황은 동생 오아마와 중신들을 불러 후사를 부탁했다. 오아마는 신변의 위협을 느끼고 그 자리에서 "저는 오늘부터 불교에 귀의하여 요시노吉野의 절에 가서 형님의 쾌유를 빌겠습니다"라고 하자 덴지 천황은 아무 말 없이 고개만 끄덕거렸다.

오아마는 삭발한 후 승복을 걸치고 가족과 소수의 종자만 데리고 나라현의 요시노로 줄행랑을 놓았다. 요시노에서 은둔하여 기회를 엿보기 위한 책략이었다. 항간에서는 이를 두고 호랑이를 산에 풀어준 격이라고들 수군거렸다. 덴지 천황은 소가노 이루카를 제거했듯이 요시노로 냅다 도망치는 오아마를 없애버릴 수 있었지만 웬일인지 못 본 체하였다.

671년 12월 덴지 천황이 45세로 타계했다. 당시 그는 인기가 없었다. 백강 전투에서 패배한 데다 호족 세력을 억압하고 천황과 황족 중심의 독재정치를 폈기 때문이었다. 또한 그는 개혁을 선언했지만 이렇다 할 업적을 이루지 못했던 것이다. 그의 죽음과 함께 불만이 표출되기 시작하여 오토모 황자의 정권은 흔들리기 시작했다. 요시노에 은거하여 기회를 엿보던 오아마는 임신년인 672년 6월 거병하여 조정으로 진격하였다. 이 반란은 임신년에 일어났다고 하여 '진신壬申의 난'이라고 한다. 오아마의 거병 소식이 퍼지자 각지에서 병사들이 속속 집결하여 단기간 내에 거대한 세력이 되었다. 한편 조정에서는 반란의 낌새를 알아차리고 이내 반격 태세를 갖추어 대항하였다. 1개월간에 걸친 숙질간의 혈전에서 오토모는 패하여 자결하고 말았다.

673년 오아마는 나라현의 아스카에서 즉위했다. 제40대 덴무天武천황(재위 673~686)의 등장이다. 일본판 수양대군과 단종이다. 덴무 천황은 즉위 후, 진신의 난에서 조정 편에 가담한 호족들을 권좌에서 배제하고 그 자리에는 황족을 등용하여 천황 중심의 정치를 폈다. 또한 684년에는 종래의 가바네姓제도를 정비하여 황족을 최고로 하는 8단계의 신분제도를 수립하였다.

덴무 천황은 진신의 난으로 흉흉해진 민심을 수습하고 천황의 신성을 부각시키기 위해 사서 편찬을 명하였다. 사서 편찬은 덴무 천황 서거 이후에도 계속되어 712년에 신화 시대부터 제33대 스이코 천황 시대까지를 정리한 『고사기』가 간행되었다. 또한 720년에는 덴무 천황의 다섯째 아들 도네리舍人(676~735) 황자가 중심이 되어 중국 사서를 모방한 『일본서기』를 편찬했다. 『일본서기』는 천황 통치의 정통성 확보를 목적으로 편찬한 정사正史로 중국과 일본은 대등하고 한반도의 국가들을 오랑캐로 간주하는 한편 일본이 한반도를 지배했다는 왜곡된 사관으로 일관되어 있다. 결과적으로 진신의 난은 천황 중심의 국가를 만드는 추진력이 되었다.

한편 덴무 천황의 아들이 중심되어 편찬한 『일본서기』에는 당연히 덴무 천황에 대한 부정적 기술은 찾아보기 어렵다. 덴지 천황의 아들이자 덴무 천황의 조카인 오토모 태자가 덴지 천황 사후 즉위했다는 설이 있으나 『일본서기』는 이에 관해 침묵하고 있다. 오토모의 즉위는 자신의 아버지인 덴무 천황의 황위 찬탈로 귀결되기 때문에 도네리는 이를 무시해 버렸다. 오토모는 메이지 유신 이후 1870년에야 고분 천황이라는 시호를 받았다.

　제40대 덴무 천황의 치세는 686년 그의 타계로 막을 내렸지만 덴지 천황이 지향했던 천황 중심의 중앙집권화는 상당히 진척되었다. 덴무 천황은 문무를 겸한 절대적인 권력자로서 '천황'의 호칭을 정착시켜 천황의 신격적 권위를 확립하고 국호를 '왜'에서 일본으로 개칭하였다. '일본'이란 국호는 '천황'이라는 칭호의 제도적 정착과 거의 같은 시기에 이루어졌음을 알 수 있다. 따라서 명실공히 최초의 '천황'은 덴무 천황이라 할 수 있다. 그 이전의 천황은 대왕, 즉 오키미大王로 불렸다. 이와 같은 중앙집권화로의 변혁은 따지고 보면 일본의 백강 전투 패배가 계기가 되었던 것이다. 일본 역사에서는 외부의 충격에 의해서 대변혁이 촉발되곤 하였다.

5 | 다이라씨 정권의 성쇠

다이카 개신 다음 해인 646년 조정은 모든 토지를 국유화하는 공지공민제를 공표하였다. 그 후 701년에 제정된 다이호 율령은 6세 이상에게 세금을 받고 구분전口分田을 급여하는 제도를 도입했다. 그러나 조세 등을 제대로 낼 수 없었던 농민들 중에 토지를 버리고 유랑하는 자가 속출하여 토지는 황폐해지고 조정의 수입은 줄어만 갔다. 이러한 상황을 타개하기 위해 개간지를 일정 기간 소유할 수 있는 법을 공표했지만 실효성이 없었다.

743년 조정은 경작자가 개간한 경지를 영구적으로 사유재산화할 수 있도록 한 간전영년사재법墾田永年私財法을 공포하여 토지 사유를 공인하였다. 유력한 신사나 사원, 그리고 귀족과 호족들은 유랑 농민들을 모아 토지를 적극적으로 개간하여 방대한 장원莊園(귀족·사찰의 소유지)을 형성하게 되었다. 호족은 대토지 소유, 혈통 존중, 동족 간의 강한 결합력 등을 발휘하여 지방에서 세력을 떨치게 되었다.

10세기 무렵부터 호족들은 조정이 파견한 지방관인 고쿠시에게 저항하거나 다른 호족들과 경쟁하면서 무예를 연마하고 무장을 하게 되었으니, 마침내 이들 중에 사무라이侍로 불리는 새로운 집단이 출현하였다. 이것이 바로 '무사'의 탄생이다. 호족과 유력 지주는 자신들이 개간한 장원을 지키기 위하여 무사들을 고용하여 무사 집단을 키웠다.

헤이안平安 시대(794~1185)는 귀족 문화의 전성기였지만, 궁정의 중요한 직책은 대귀족이 독점했기 때문에 출세할 가능성이 없는 중하급 귀족은 지방의 행정, 경찰 및 사법을 관장하는 고쿠시로 파견되었다. 이들은 조정에서는 찬밥 신세였으나 지방에 부임하면 지체가 높은 집안으로 대접을 받았다. 고쿠시 중에는 임기가 끝나도 교토로 돌아가지 않고 자기가 관할했던 영지에 그대로 남는 경우도 있었다. 호족들은 그 지방에 토착한 천황의 후손인 다이라씨平氏와 미나모토씨源氏를 자신들의 우두머리인 동량東樑으로 추대했다. 다이라씨는 제50대 간무桓武 천황(재위 781~806)의 후손이고, 미나모토씨는 제56대 세이와淸和 천황(재위 858~876)의 후예이다.

여담. 제125대 아키히토明仁 천황(재위 1989~2019)이 2001년 12월 23일 68세 생일에 즈음한 기자 회견에서 『속일본기屬日本紀』에 간무 천황의 생모 다카노 니이가사高野新笠가 백제 무령왕(재위 501~523)의 후손이라고 기술되어 있어 한국과의 인연을 느낀다고 발언하여 화제가 된 적이 있다. 2002년 한일 월드컵 공동개최를 앞둔 우호적인 제스처였다. 당시 일본의 매스컴은 이를 거의 보도하지 않았지만 한국의 언론은 대대적으로 보도하였다.

다시 본론으로, 다이라씨와 미나모토씨는 천황의 후예라 많은 무사 집단 중에서도 막강한 파워를 가질 수 있게 되었다. 이들은 군사력을 갖지 못한 조정을 대신해서 변방의 난을 평정해 나가는 동안 그 세력을 확대하면서 일족 내 또는 다른 무사들과의 결속을 다져 나갔다. 무사들이 중앙 정치 무대로 진출할 수 있었던 계기를 마련해 준 것은 원정院政이었다. 원院은 상황上皇이나 법황法皇(불문에 들어간 상황)의 거처를 지칭하며, 원정은 천황직을 물러난 부친이나 조부가 상황 또는 법황으로서 나라를 통치하는 정치 형태를 말한다.

제72대 시라카와白河 천황(재위 1072~1086)은 30대 중반에 8세의 둘째 아들에게 양위하고, 상황으로서 어린 천황을 보살핀다는 명목으로 천황의 거처에서 정치를 행하는 원정을 개시하였다. 시라카와 상황의 원정은 그가 죽음에 이르기까지 3대 천황에 걸쳐 43년간 계속되었다. 이때 상황이 천황보다 우월한 권위의 원천으로 간주되어, 그 치세가 계속되면서 하나의 정권으로 발전했다. 한편 고쿠시의 관내 토지 지배 강화에 위협을 느낀 장원 영주는 천황보다 우월하고 강력한 원院에 의지하였다. 이는 장원을 원에 기진寄進하여 장원이 원에 집중하는 결과를 초래함으로써 원령장원院領莊園이 급속하게 확대되었다.

원청院廳에서 하달되는 명령서는 조정도 거스를 수가 없었다. 상황의 힘이 이처럼 강력해진 데는 '북면의 무사'로 불리는 친위대를 거느리고 있는 것이 크게 작용했다. 이 친위대는 원院의 북쪽에 배치되었다고 하여 '북면의 무사'라고 불렸으며 원정院政을 지탱해주는 역할을 했다. 원정은 시라카와, 도바鳥羽, 고시라카와後白河 상황의 3대 100년에 걸쳐 계속되었으나 점차 강력해진 무사들에게 정권을

일본인과 쇼군

빼앗기게 된다.

1156년 황위 계승 문제를 둘러싸고 형제지간인 스토쿠崇德 상황과 고시라카와 천황의 아집이 무력 투쟁으로 발전했다. 호겐保元의 난이다. 공교롭게도 섭정가의 후지와라씨의 일족 간에도 내분이 발생하였고, 미나모토씨와 다이라씨도 호겐의 난에 말려들게 되었다. 호겐의 난에서 공을 세운 다이라노 기요모리平淸盛(1118~1181)와 미나모토노 요시토모源義朝(1123~1160)가 중용되었다. 한편 고시라카와 천황과의 정쟁에서 패배한 스토쿠 상황은 시고쿠의 사누키讚岐로 귀양을 가 유배지에서 눈물로 세월을 보내다가 45세로 생애를 마감했다.

무사가 조정의 명령으로 승병을 토벌하는 경우는 있었지만 조정의 내분 해결에 직접 관여한 것은 처음이었다. 정쟁이 더 이상 귀족끼리 해결되지 못하고 무사의 힘을 빌려야 하는 시대가 도래한 것이다. 호겐의 난으로 무사의 실력이 귀족에게 인식됨과 동시에 무사 자신들도 스스로의 실력을 자각하게 되었다. 호겐의 난은 일본 정치사에서 귀족의 시대에서 무사의 시대로 넘어가는 분수령이다.

호겐의 난 이후 무사 계급의 중심이었던 다이라노 기요모리와 미나모토노 요시모토의 대립이 격화되어 헤이지平治 원년인 1159년 다시 전란이 일어나 결국 다이라노 기요모리의 승리로 끝났다. 기요모리는 1167년 무사로서는 처음으로 최고 관직인 태정대신이 되어 다이라씨 정권을 수립했다. 그러나 다이라씨 정권은 독립된 정체政體가 아니라 조정 내의 유력 세력이다. 따라서 다이라씨의 미나모토씨에 대한 승리는 자민당 내의 파벌 교체에 비견될 수 있다.

다이라씨 일족이 요직을 독점하여 3품 이상의 구게公卿가 16명, 5품 이상의 당상관이 30여 명에 이르러 다이라씨 전성시대를 구가했다. 또한 기요모리는 황실과 인척 관계를 맺고, 외손자가 안토쿠安德 천황으로 즉위하면서 외척의 지위도 획득하였다. 다이라씨 가문이 조정으로부터 받은 영지인 지교코쿠知行國가 30여 개에다, 장원도 500개 이상이나 되어 국토의 반 이상이 다이라씨의 영지였다. "다이라씨가 아니면 사람이 아니다"라고 회자될 정도로 권력을 휘둘렀다. 한편 기요모리가 주위의 반대를 무릅쓰고 송宋의 동전을 1164년 일본에 유통시킨 이래 1637년까지 약 470년간 송·명明의 동전이 국제 화폐로 통용되어 일본의 화폐 경제의 발전을 촉진시켰다. 일본에서 무사 계급이 화폐 경제의 선구자적 역할을 한 점이 주목된다.

여담. 기요모리의 이례적인 출세 배경과 관련하여 『일본사사전』에 "다이라노 기요모리는 시라카와 법황의 핏줄이다"라는 기술이 있다. 기요모리의 아버지 다다모리忠盛가 법황으로부터 미인을 하사받았는데 그녀는 이미 법황의 씨를 잉태하고 있었다고 한다. 다다모리는 알면서도 모른 척하고 그녀를 받아들여 태어난 기요모리를 자기 아들로 키웠던 것이다.

다이라노 기요모리는 무사들의 힘을 바탕으로 권력을 잡았는데도 무사들의 권익을 소홀히 하고 천황의 외척으로서 귀족 행세를 함으로써 무사들의 이반을 초래했고 구세력과의 마찰이 빈발했다.

이와 같은 상황에서 미나모토노 요리마사源賴政가 1180년 고시라카와 법황의 아들, 모치히토持仁를 받들어 교토에서 군사를 일으켰다. 이것이 약 5년간 계속된 겐페이源平 전투의 시작이다.

　모치히토는 전사했지만 그가 보낸 다이라씨 타도의 명령서를 받은 미나모토노 요리토모源賴朝(1147~1199)를 비롯한 전국의 미나모토씨 일족이 일제히 봉기하여 내란은 전국으로 확대하였다. 1181년 2월, 다이라노 기요모리가 63세에 병사하자 다이라씨는 치명적인 타격을 받아 1185년 시모노세키 동쪽 단노우라壇ノ浦 해전에서 궤멸되었다. 다이라씨 정권은 20년도 채 넘기지 못하고 역사의 저편으로 사라지고 말았다. 후세에 '단노우라'는 비극적인 종말을 상징하게 되었다.

6 │ 일본의 연호제

일본사 관련 서적을 읽을 때 번거로운 것이 일본 연호이다. 연호는 원호라고도 하는데, 이를 다시 서력으로 환산해야 하기 때문에 여간 불편한 것이 아니다. 그런데도 천수백 년 이상이나 사용되고 있으니 알다가도 모를 일이다.

연호제는 중국의 한 무제가 기원전 140년에 사용한 건원建元이라는 연호가 그 시초이다. 역대 중국 국가들은 모두 연호를 채택했으며 동일한 군주 재위 중에도 두서너 번씩 그것을 바꿔 사용해 오다가 명·청 시대에 일세일원제一世一元制가 확립되었다. 그러나 청나라 멸망과 더불어 중국에서 연호제가 완전히 사라졌다.

한편 한국사에서는 고구려 광개토대왕이 역사상 처음으로 영락永樂이라는 연호를 사용한 이래 36개의 연호가 사용되었다. 백제 성왕의 건흥建興, 신라 법흥왕의 건원建元 연호는 중국과 대등한 국가라는 자주의식의 발로였다.

일본은 중국의 연호제를 본받아 645년에 다이카 연호를 쓰기 시작하여 지금의 레이와令和에 이르기까지 총 248개의 연호를 사용해 왔다. 연호 명칭은 대개 정치적인 이상을 표시하는 어휘이거나 어떤 상서로운 현상 또는 중국의 고전에서 채택했다. 천수天授라는 연호는 왕권신수설의 어감이 있어서인지 시대 차이는 있지만 한중일 3국이 공통적으로 사용해 왔다.

650년 2월 지토持統 천황은 흰 꿩을 헌상받고 상서로운 징조라 하여 연호를 다이카에서 하쿠치白雉로 바꾸었다. 또한 천재지변이 일어나면 심기일전한다는 의미에서 새로운 연호를 사용했고, 특히 신유년과 갑자년에는 혁명과 같은 정변이 일어난다는 도참사상의 영향을 받아 이때에는 거의 예외 없이 연호를 변경했다.

연호는 일본 국수주의와 내셔널리즘과 밀착되어 있다. '일세일원' 원칙은 1868년 메이지 유신 이후 강화된 천황제 중심 이데올로기 체제의 유물이다. 1868년 1월 에도가 도쿄東京로 개칭되어 수도가 되었고, 동년 9월 연호 게이오慶應를 메이지明治로 바꾸어 천황 일대에 연호 하나를 쓴다는 일세일원의 원칙을 수립했다.

패전 후 일본을 점령 통치한 연합국 총사령부는 연호의 법적 근거가 되는 황실전범이 천황을 아라히토가미現人神 즉 현인신으로 떠받드는 제도적 장치가 되고 있다고 보고 이를 실효화시켰다. 이 때문에 쇼와 연호는 법적 근거가 없어져 다만 관습적으로 서력과 병행하여 사용되고 있어 일본의 우익들은 연호가 히로히토裕仁 천황 서거와 더불어 사라질까 봐 걱정하지 않을 수 없었다. 특히 젊은 층에서는 연호를 어쩐지 몸에 맞지 않는 옷처럼 불편하게 생각하는 경향이 있었다. 학계에서도 국제화 시대에 연호 사용은 적절치 않다면서 이의 폐지를 건의하기도 했다. 패전 전까지 일본의 초등학교 역사 교과서에서는 서력을 일체 사용하지 않았다.

천황을 구름 위의 존재라고 생각하고 있는 서민의 입장에서 보면 연호야말로 천황과 직접 연결되는 유일한 기능을 갖고 있는 제도이다. 연호를 통해 생활 속에서 천황과 관련을 맺게 된다. 이를테면 쇼와 20년에 태어났다든가, 레이와 2년에 결혼했다는 식으로 생활하기 때문이다. 이런 의미에서 연호는 천황력이라고 할 수 있다. 덧붙이면 국경일 중 2월 23일은 현재의 '천황 탄신일', 4월 29일은 쇼와 천황의 탄신일로 '쇼와의 날', 11월 3일은 메이지 천황의 탄신일로 '문화의 날'로 각각 지정되어 있다.

히로히토 천황(쇼와 천황)이 70세에 접어들자 우익 인사들은 본격적으로 연호법 제정을 위한 범국민적인 운동을 전개하기 시작했다. 천황이 덜컥 서거하면 연호의 운명은 누구도 장담할 수 없고 연호가 폐지될 경우에 상징 천황제는 중대한 타격을 입을 것이 분명했기 때문이다. 1977년부터 각종 우익 단체에 의한 '연호 법제화 요구 중앙 국민대회', '연호 법제화 실현 총궐기 국민대회' 등이 연달아 개최되어 연호법 제정을 위한 분위기가 무르익었다. 한편 평화 단체 및 기독교 단체가 중심이 된 원호법 제정 저지 움직임도 산발적으로 있었지만 이는 범국민적인 운동으로 연결되지 못했다.

이 같은 일련의 과정을 거쳐 1979년 6월 연호법이 공포, 시행되었다. 연호법이 제정된 배경은 천황 원수화 추진을 염두에 둔 우익 단체의 극성스러운 운동에 기인한 바 크지만 한편으로는 일본은 특별하다는 국민적 정서도 작용했다. 헤이세이平成라는 연호가 천황 서

　　　　　　　　　　　　　　　일본인과 쇼군

거 다음 날인 1989년 1월 8일 발 빠르게 시행될 수 있었던 것은 바로 이 연호법 때문이었다. 오부치 게이조 당시 관방 장관이 헤이세이 연호를 발표하고, 다케시타 노보루 총리의 담화를 대독했다. '헤이세이'가 쓰인 액자를 머리 위로 들어 올린 오부치 장관은 이후 대중의 큰 관심을 받으며 총리에 오를 정도로 승승장구했다. 오부치 관방 장관이 너무 각광을 받자 다케시타 노보루 총리는 연호 발표 기회를 직접 활용하지 않은 것을 후회했다는 후문이다.

2019년 4월 30일 아키히토 천황이 퇴위하고 다음날 5월 1일 나루히토 천황의 즉위와 동시에 연호는 '헤이세이'에서 '레이와'로 바뀌었다. 이번에는 달랐다. 정부 대변인 격인 스가 요시히데 관방 장관이 새 연호를 발표한 다음 아베 신조 총리가 기자 회견을 통해 새 연호의 뜻과 취지를 자세히 설명하는 방식을 택했다. 스가 장관의 발표엔 7분이 걸렸지만, 아베 총리는 18분간 전 국민의 시선을 사로잡으며 '정치 유세'를 했다.

아베 총리는 기자 회견에서 레이와 연호는 645년 다이카 원호 이래 역사상 처음으로 중국 문헌에 의거하지 않고 일본의 시가집에서 취했다고 으스댔다. 즉 나라 시대의 가인 오토모노 다비토大伴旅人(665~731)의 시가 "于時, 初春令月, 氣淑風和", 즉 "이른 봄 좋은 달이 뜨니 공기는 맑고 바람은 부드럽다"를 전거로 했다고 밝혔다. 그러나 수일 후 중국의 언론 매체가 한漢의 관리이자 천문학자였던 장형張衡(78~139)의 「귀전부歸田賦」의 "於是仲春令月, 時和氣淸", 즉 "이른 봄 좋은 달밤에, 바람은 온화하고 공기는 맑다"를 제시하여 아베 총리를 머쓱하게 만들었다.

　연호에 대한 일본의 여론도 변하고 있다. '쇼와'에서 '헤이세이'로 바뀌던 1989년 1월의 조사에서 일상생활에서 연호를 주로 사용한다고 답한 비율이 66%였으나 2019년 3월의 조사에서는 40%에 불과했다. 세상은 변하기 마련이다. 일본의 연호도 중국의 연호처럼 사라질 날이 올 것이다.

日本人

將軍

제2장

무가 정권의 성립

1 | 정이대장군

정이대장군, 즉 세이이타이쇼군征夷大將軍은 8세기 말 동북 지방의 에조(아이누족)를 토벌하기 위해 한시적으로 임명된 원정군의 총사령관에 대한 칭호로, 줄여서 '쇼군'이라고 불렀다. 쇼군을 다이주大樹 또는 다이주쇼군大樹將軍이라 일컫기도 했다. 791년 오토모노 오토마로大伴弟麻呂가 최초로 원정군의 정이대장군으로 임명되었다. 그러나 794년 간무 천황에 의해 정이대장군에 임명된 사카노우에노 다무라마로坂上田村麻呂(758~811)가 병력을 인솔하여 출진하여 에조 세력을 평정했기 때문에 초대 정이대장군으로 간주된다. 백제계의 도래인으로 알려진 다무라마로는 811년 5월 53세로 타계했지만 교토의 야마시나구에 있는 그의 무덤 일대가 '사카노우에노 다무라마로 공원'이 되어 이름을 남기고 있다.

당시의 쇼군직은 비상근 촉탁에 해당하는 임시직이었다. 동북 지방에 임시로 파견된 쇼군이 각지로 전전하면서 주둔지에 막幕을 치고 거소 겸 지휘소로 했기에 쇼군이 있는 진영을 막부幕府라고 했다. 막부는 본래 중국에서 출정 중인 장군의 막영幕營을 지칭했는데 일본에서는 가마쿠라 시대 이후 에도 시대에 이르기까지 무가정치武

家政治의 정청政廳이나 권력 조직을 말한다. 즉, 무사가 일본의 수장으로서 정치를 행하고 민중을 지배하는 최고 조직인 것으로, 가마쿠라 막부, 무로마치 막부, 에도 막부와 같이 무가 정권 그 자체를 의미하는 개념으로 사용되고 있다.

고대로부터 천황은 정실과 측실로부터 많은 자녀를 두었다. 특히 간무 천황 치세기에 황친이 격증하여 그 대우가 황실 재정을 압박하므로 천황의 황자·황녀에게 성姓을 하사하여 신민臣民 즉 평민의 신분으로 강등시켜 내보냈다. 천황이 자손들에게 내려준 대표적인 성씨로는 50대 간무 천황이 내려준 간무헤이시桓武平氏의 다이라씨平氏와 56대 세이와 천황의 세이와겐지淸和源氏의 미나모토씨源氏이다. 천황은 성姓을 하사하지만 자신은 성이 없다.

미나모토노 요리토모가 1192년 천황으로부터 쇼군에 임명되어 최초의 무가 정권인 가마쿠라 막부를 개설한 이후 700년간에 걸쳐 가마쿠라 막부 9대, 무로마치 막부 및 에도 막부 각각 15대, 모두 39명의 쇼군이 등장했다. 이들은 모두 세이와 천황의 후손으로 세이와겐지淸和源氏의 미나모토씨源氏였다. 천하를 통일한 도요토미 히데요시가 쇼군에 오를 수 없었던 것은 세이와겐지의 미나모토씨만이 쇼군에 오를 수 있다는 불문율 때문이었다. 반면 도쿠가와 이에야스는 미나모토 가문의 일파인 닛타씨新田氏의 후예라는 계보를 창작해 1603년 조정으로부터 정이대장군에 임명되어 막부를 열었다.

1603년 에도 막부 성립 이전의 일본인 감각으로는 정이대장군은 현대인이 생각하는 수준의 높은 지위가 아니었다. 무가에게는 명예

로운 지위이나 일본 전체의 정치로 볼 때 섭정·관백 및 3공^{(태정대신·}
좌대신·우대신)의 아래에 있는 지위였다.

2 | 가마쿠라 막부

가마쿠라 막부 쇼군 일람표

씨명	재임기간
제1대 미나모토노 요리토모源賴朝	1192.07 ~ 1199.01
제2대 미나모토노 요리이에源賴家	1202.07 ~ 1203.09
제3대 미나모토노 사네토모源實朝	1203.09 ~ 1219.01
제4대 후지와라노(구조) 요리쓰네藤原(九條)賴經	1226.01 ~ 1244.04
제5대 후지와라노(구조) 요리쓰구藤原(九條)賴嗣	1244.04 ~ 1252.02
제6대 무네타카 친왕宗尊親王	1252.04 ~ 1266.07
제7대 고레야스 친왕惟康親王	1266.07 ~ 1289.09
제8대 히사아키 친왕久明親王	1289.10 ~ 1308.08
제9대 모리쿠니 친왕守邦親王	1308.08 ~ 1333.05

미나모토씨와 다이라씨 간의 5년 정도의 항쟁은 1185년 단노우라의 결전에서 미나모토씨의 승리로 끝나 내란은 일단 종식되었다. 미나모토씨의 승리는 무사 계급에 의한 일본 지배와 봉건 사회의 발전에 있어 큰 발걸음을 내디딘 것을 의미한다.

미나모토씨의 총수 미나모토노 요리토모는 1185년 조정으로부터 경찰권을 행사하는 슈고守護와 토지·조세를 관장하는 지토地頭의 임명권을 부여받아 마침내 전국 지배권을 손에 넣게 되었다. 슈고는 가마쿠라에 거주하면서 임지에는 대관代官을 두고 업무를 수행케 했다. 또한 고려의 무신 정권이 수립된 지 22년 후인 1192년에 요리토모가 조정으로부터 정이대장군에 임명되어 막부가 개설되었다. 요리토모가 천황으로부터 수여받은 정이대장군이란 칭호는 전술한 바와 같이 원래 일본 내 변방의 야인들을 토벌하기 위한 임시 관직이었다. 그러나 요리토모가 임명된 이후부터는 무사의 통솔자로 실질적인 일본의 지배자를 의미하는 관직이 되었다.

정권의 본거지를 간토關東(교토 조정의 동쪽 지방)의 가마쿠라에 설치하였기에 가마쿠라 막부로 불렸다. 전철로 도쿄에서 남쪽으로 1시간 정도 걸리는 곳에 위치한 가마쿠라는 삼면이 산으로 둘러싸여 있고 나머지 한 면을 통하여 바다로 나갈 수 있어 최적의 요충지이다. 요리토모는 막부를 교토로부터 떨어진 가마쿠라에 개설하여 천황제에 기생하고 있던 구게(귀족)들이 막부의 권력과 결합할 수 있는 소지를 처음부터 봉쇄해 버렸다.

요리토모 쇼군은 자신의 휘하에 있는 무사들과 봉건적 주종 관계를 맺어 이들을 고케닌御家人으로 삼았다. 고케닌은 쇼군에게 충성을 서약한 무사를 지칭한다. 고케닌의 수는 1185년에 약 2천 명이었으나 그 후에도 각지의 무사가 고케닌으로 영입되어 꾸준히 증가하였다. 쇼군은 고케닌의 기존 영지를 인정하고 이들 중 유력자를 슈고로 임명하여 구니에 파견하였고, 장원에는 지토를 배치하여 장원의 관리 및 연공 수납을 관장하도록 했다. "우는 아이와 지토에는 못 당한다"는 일본 속담이 있는데, 이는 지토의 권위와 횡포가 대단했음을 비유한 말이다.

쇼군으로부터 기존 영지를 인정받고 새로운 영지를 수여받는 것을 즉 은혜를 입었다는 의미로 고온御恩이라 한다. 고케닌은 쇼군의 '고온'에 보답하기 위해 평시에는 교토와 가마쿠라의 경비를 하거나 농촌에서 농민을 지도하며, 농업에 종사하는 한편 무예를 수련한다. 유사시에는 쇼군을 위해 목숨을 걸고 싸움터로 나가는데 이를 호코奉公라고 한다. 쇼군과 고케닌이 영지를 매개로 맺은 '고온과 호코'의 봉건적 주종 관계가 막부의 본질적인 기반이었다. 막부의 사적 주종 관계가 공적 지배 조직으로 기능을 발휘하면서 막부가 지방도 통제할 수 있게 된 것이다. 이로써 일본에는 귀족과 천황을 중심으로 한 교토의 조정과 무사들을 중심으로 한 막부라는 이중 권력 체제가 병존하게 되어 가마쿠라 막부, 무로마치 막부, 에도 막부에 이르기까지 약 700년간 지속되었다.

미나모토노 요리토모는 절대 권력자로 도고쿠東國 무사 위에 군림했다. 그런데 바로 그 요리토모가 쇼군에 취임한 지 불과 7년 후인 1199년 52세의 나이에 급사했다. 사인은 낙마라고 하나 암살설도 제기되었다. 요리토모 쇼군이 사망하자 부인 호조 마사코北條政子(1157~1225)가 부친 호조 도키마사北條時政(1138~1215)와 함께 정치에 간여하기 시작했다.

요리토모는 1159년 무사들의 싸움인 헤이지의 난에서 부친이 패사하자 13세의 어린 나이에 이즈伊豆(시즈오카현)로 유배되었는데, 당시 마사코의 아버지로부터 감시를 받는 죄인 신세로 17년을 보냈던 요리토모에게 마사코가 혹했던 것이다. 마사코는 20세 때, 아버지의 맹반대를 무릅쓰고 30세의 요리토모와 결혼을 감행하여 2남 2녀를 둔 평범한 가정주부로 살아왔다.

18세의 장남 미나모토노 요리이에源賴家(1182~1204)가 선대 요리토모 쇼군이 타계한 지 2년 반이 지난 1202년 7월 제2대 쇼군으로 취임했다. 요리이에는 요리토모가 35세의 늦은 나이에 얻은 아들로 '태어나면서부터 쇼군'이라는 자의식이 매우 강했으나 범용한 위인이었다. 공차기나 하고 정무에는 관심이 없었다. 그런 주제에 독선적인 성격에다 상궤를 벗어난 짓을 자주 했다.

외조부 호조 도키마사와 어머니 마사코는 이를 그대로 두고 볼 수 없어 13인의 유력 고케닌에 의한 합의제를 도입하여 쇼군을 무력화했다. 청년 쇼군 요리이에는 이 같은 조치에 반발하고 장인, 처남 등을 중용하여 세력 확대를 시도했다. 그러자 외조부 도키마사와 모친 마사코는 요리이에의 쇼군직을 박탈하고 이즈의 슈젠지修禪寺에 유폐시키더니 1204년 여름, 아예 살해해 버렸다. 스물두 살의 꽃다운 나이였다. 외조부도 외조부지만 마사코는 지독한 어머니다.

도키마사는 딸 마사코와 상의하여 요리이에의 동생, 11세의 미나모토노 사네토모源實朝(1192~1219)를 제3대 쇼군으로 옹립하고 자신이 쇼군의 후견인인 싯켄執權이 되어 사실상 막부의 정치를 좌지우지했다. 그러나 도키마사의 후처 즉 마사코의 계모가 자신의 사위를 쇼군으로 옹립하려고 획책한 것을 트집 잡아 마사코는 1205년 아버지 도키마사를 정치에서 아예 손을 떼게 했다. 사네토모 쇼군은 태생이 병약한 데다 정치적 야심도 없고 귀족풍의 문화에 빠져들어 쇼군이라기보다는 가인歌人이었다. 그가 남긴 시가집 『금괴화가집金槐和歌集』은 후세에 좋은 평가를 받을 정도였다.

1219년 1월, 이 무슨 날벼락인가. 사네토모 쇼군이 2대 쇼군 요리이에의 아들, 즉 조카인 구교公曉에 의해 피살되는 사건이 발생하였다. 2대 싯켄 호조 요시도키北條義時가 구교에게 사네토모 쇼군이 '네 아버지를 죽게 했다'고 하면서 복수를 부추긴 것이다. 구교 역시 사네토모를 죽인 그날 살해되어 미나모토 쇼군의 혈통은 3대로 단절되었고, 가마쿠라 막부는 일대 전환기를 맞게 되었다.

사네토모 쇼군의 피살 후 2대 싯켄 호조 요시토키는 쇼군의 자리를 비워두고 막부정치를 제 마음대로 주물렀다. 고토바 상황은 이 기회를 놓치지 않고 1221년 아들인 준도쿠順德 천황과 함께 막부 타도에 나섰다. 조큐承久의 난이다. 준도쿠 천황은 출진에 앞서 주쿄仲恭 천황에게 양위했다. 이에 맞서 마사코가 도코쿠의 무사들에게 결집을 호소하자 다수의 무사들이 호응하여 조정군과 싸워 압도적인 승리를 거두었다. 이를 계기로 호조 마사코는 '아마尼 쇼군', 즉 비구니 쇼군으로 불리게 되었다. 마사코가 남편인 요리토모 쇼군 급사 후에 삭발하고 불교에 귀의했던 것이다. 막부군에 대패한 고토바 상황은 시마네현 오키隱岐, 준도쿠 천황은 사도佐渡로 각각 유배되어 둘 다 20년 가까이 귀양살이를 하다 그곳에서 파란만장의 생을 마쳤다.

3대 쇼군 사네토모의 암살 이후에도 가마쿠라 막부는 9대까지 이어졌지만, 외척인 호조가北條家의 유력자들이 싯켄의 자리를 독점하여 막부의 정치를 농단했다. 호조씨는 쇼군이 될 수 없는 가문이었기에 그들은 귀족이나 천황가의 나이 어린 자제를 쇼군으로 영입하였다. 예컨대 4대 쇼군은 여덟 살, 5대 쇼군은 다섯 살, 6대 쇼군은 열 살, 7대 쇼군은 갓 두 살, 8대 쇼군은 열세 살, 9대 쇼군은 일곱 살의 나이에 각각 쇼군직에 올랐다. 쇼군의 후견인 싯켄이 연소한 이들을 이름뿐인 쇼군 노릇을 시키다가 머리가 굵어져 세상사를 알만하여 다루기가 버거워지면 갈아치웠다. 결국 14대에 달하는 호조씨 출신의 싯켄이 1333년 가마쿠라 막부가 멸망할 때까지 실권을 행사했다.

가마쿠라 시대에 최초로 일본은 외부로부터 침공을 받았다. 13세기 후반 고려를 복속시킨 원元의 초대 황제 쿠빌라이(1215~1294)가 일본에도 복종을 요구하였다. 당시의 싯켄 호조 도키무네北條時宗(1251~1284)가 이를 거부하자 원나라는 고려군까지 동원하여 약 3만 명의 병력으로 두 번(1274, 1281)에 걸쳐 일본을 침공하였다. 그러나 때마침 불어닥친 폭풍우 때문에 일본 땅을 밟아도 보지 못하고 퇴각하고 말았다.

일본인들은 이 폭풍우를 신국神國, 일본을 구하기 위해 분 바람, 가미카제神風라고 미화하였고 이는 2차 대전 때 특공대의 명칭으로 되살아난다. 가미카제 신화는 일본은 신이 지켜주는 나라, 신의 나라라는 인식을 일본인의 의식 속에 깊이 각인시켰다. 두 번에 걸친 고려·몽골 연합군의 침공은 일본 역사상 처음으로 겪은 외세에 의한 최대의 국난이었다. 한동안 애들이 울음을 그치지 않으면 '몽골·고려 귀신이 온다'고 하면서 달랠 정도로 두려움 그 자체였다.

외세의 침공을 운 좋게 격퇴하기는 했으나 막부와 고케닌의 무사들이 받은 피해도 막심하였다. 막대한 전비 지출로 막부의 재정은 거덜 났다. 또한 고케닌들은 전공을 세워 토지 등의 보상을 기대하고 참전했지만 제대로 보상을 받지 못하자 불만이 커져갔다. 더구나 당시 고케닌 사회의 상속은 분할 상속으로 형제가 나누어 받는 형태라 그들이 상속 영지는 갈수록 작아지고, 화폐 경제의 발달로 지출이 늘어나자 영지를 저당 잡히거나 매도하는 자도 생겨났다. 그러나 막부로서는 이와 같은 난국에 대처할 묘안이 없었다.

이러한 혼란한 상황을 틈타 권력을 장악하여 정치를 쇄신하고자 하는 강한 의지가 있는 제96대 고다이고後醍醐 천황(재위 1318~1339)이 1331년 정권 타도를 획책했으나 사전에 누설되고 말았다. 고다이고 천황은 그래도 단념하지 않고 다시 거병했으나 패하여 시마네현 오키에 유배되었다. 의지의 사나이 고다이고 천황은 1332년 2월 낚싯배로 오키를 탈출하여 전국에 막부 타도를 명하는 윤지綸旨를 돌리고 친위대를 이끌고 막부 타도에 나섰다. 막부도 이에 맞서 아시카가 다카우지足利尊氏(1305~1358) 등을 중심으로 하는 대군을 교토에 파병했으나, 1333년 아시카가 다카우지는 정세가 불리하다고 판단하여 막부를 배반하고 고다이고 천황 쪽에 가세하여 가마쿠라 막부를 멸망시키는 데 앞장섰다. 가마쿠라 막부는 결국 9대 148년 만에 붕괴하고 말았다.

　가마쿠라 막부의 정사『오처경^{吾妻鏡}』이 가마쿠라 막부의 부침을 후대에 전해주고 있다.『오처경』은 에도 막부를 개설한 도쿠가와 이에야스의 애독서이자 정치 교과서였다. 이에야스는 미나모토가의 쇼군이 3대로 단절되고만 것을 반면교사로 삼아 11명의 아들을 두고, 특정인에 대한 권력 집중을 방지하는 장치를 마련하여 에도 막부가 15대에 걸쳐 265년간 지속될 수 있는 기반을 구축했다.

3 | 무로마치 막부

무로마치 막부 쇼군 일람표

씨명	재임기간
제1대　아시카가 다카우지足利尊氏	1338.08 ~ 1358.04
제2대　아시카가 요시아키라足利義詮	1358.12 ~ 1367.12
제3대　아시카가 요시미쓰足利義滿	1368.12 ~ 1394.12
제4대　아시카가 요시모치足利義持	1394.12 ~ 1423.03
제5대　아시카가 요시카즈足利義量	1423.03 ~ 1425.02
제6대　아시카가 요시노리足利義教	1429.03 ~ 1441.06
제7대　아시카가 요시카쓰足利義勝	1442.11 ~ 1443.07
제8대　아시카가 요시마사足利義政	1449.04 ~ 1473.12
제9대　아사카가 요시히사足利義尙	1473.12 ~ 1489.03
제10대 아시카가 요시타네足利義植	1490.07 ~ 1493.06
제11대 아시카가 요시즈미足利義澄	1494.12 ~ 1508.04
제10대(복위) 아시카가 요시타네	1508.07 ~ 1521.12
제12대 아시카가 요시하루足利義晴	1521.12 ~ 1546.12
제13대 아시카가 요시테루足利義輝	1546.12 ~ 1565.05
제14대 아시카가 요시히데足利義榮	1568.02 ~ 1568.09
제15대 아시카가 요시아키足利義昭	1568.10 ~ 1573.07

1333년 고다이고 천황은 아시카가 다카우지, 구스노키 마사시게楠木正成(1294~1336) 등을 비롯한 반막부 무사들을 결집하여 가마쿠라 막부를 붕괴시켰다. 천황은 다음 해에 연호를 겐무建武로 정하고, 이른바 '겐무신정建武新政'이라는 천황의 친정親政을 펼쳤다. 그러나 막부 타도에 공이 큰 무사에 대한 보상을 제대로 하지 않은 데다 150년 이상 계속되어 온 무사 중심의 관습을 무시한 정책 등으로 천황의 정치에 대한 무사들의 반감이 점증했다.

상황을 주시하고 있던 아시카가 다카우지가 동생 다다요시直義와 함께 무가정치의 부활이라는 기치를 내걸고 거병하여 1336년 고묘光明 천황을 옹립하고, 1338년 정이대장군에 임명되어 교토에 무로마치 막부를 개설하였다. 아시카가씨足利氏는 미나모토씨에서 분가한 일족이므로 막부를 열 수 있었다. 또한 동일본이 가마쿠라 막부 이래 무가 정권의 근거지임을 감안하여 가마쿠라에 정청인 가마쿠라부鎌倉府를 설치하고 그 수장에 아시카가 가문의 유력자를 임명하여 가마쿠라구보鎌倉公方라고 칭했다. 가마쿠라구보는 독립성이 강해 막부와 종종 대립했다.

한편 궁지에 몰린 고다이고 천황은 1336년 겨울에 천황의 상징물인 3종의 신기神器인 거울, 칼, 구슬을 가지고 교토의 남쪽 요시노吉野로 탈주하였다. 이리하여 겐무 친정은 3년의 치세로 막을 내렸다. 일본 역사상 처음으로 2명의 천황이 동시에 존재하고 2개의 연호가 각각 사용되는 비정상적인 난보쿠초南北朝 시대(1336~1392)로 접어들었다.

요시노의 조정을 남조, 다카우지의 영향 아래 있는 교토의 조정을 북조라 하며, 이후 양측은 60년간 서로 정통성을 주장하며 항쟁하는 남북조의 동란기가 계속되었다. 일본의 국정 교과서는 남북조 병립으로 기술하였지만, 남북조의 정통성 문제는 오랫동안 결론이 나지 않았다. 한편 1911년 국정 교과서에 남북조 병립으로 기술되었던 것이 제국의회에서 문제가 되어 교과서 편수관이 휴직 처분을 받았다. 그리고 1911년 메이지 천황이 '3종의 신기'를 보유하고 있던 남조의 정통성을 인정함으로써 남조의 정통성이 회복된 반면 북조의 5명의 천황은 역대 외의 천황으로 밀려났다. 북조의 천황을 받들고 있는 메이지 정부가, 남조의 정통성을 인정한 배경 등은 분명히 밝히지 않았다.

무로마치 막부는 가마쿠라 막부의 정치, 제도 등의 상당 부분을 답습했으나 다른 것은 무로마치 막부가 수도와 멀리 떨어진 지방이 아니라 수도 교토에 개설된 점이다. 본래 쇼군의 진영을 뜻하는 막부가 천황의 지근지처에 자리함으로써 막부의 귀족화가 촉진되는 한편 천황의 권위가 막부의 그늘에 가려지게 되었다.

무로마치 막부는 1336년에 개창되어 1573년 멸망할 때까지 235년간 존속했다고 하나 이 기간 중에는 60년간의 남북조 동란기와 100년간의 센고쿠戰國 시대도 포함되어 있어 무로마치 막부의 치세는 실제로 100년도 채 못 된다. 무로마치 시대에는 초대 쇼군 아시카가 다카우치를 포함하여 15명의 쇼군이 등장한다.

무로마치 막부는 NHK의 대하 드라마 소재로도 다루어지지 않을 정도로 인기가 없다. 다카우지가 천황을 배반하고 끝내는 천황을 요시노로 내몰았기 때문에, 다카우지는 '역적', '대악인', '악신惡臣'이라는 악명이 붙어 다닌다. 무로마치 막부는 다카우지가 동생 다다요시와 함께 개설한 무가 정권으로 초기에는 이두정치의 형태로 운영되었다. 다카우지는 군사, 다다요시는 행정을 주관했으나 둘 사이의 관계가 원만하지 않아 분란이 그치지 않았다. 결국 다카우지가 1352년 2월, 15년간 이두정치의 일익을 담당해 온 동생을 독살하고서야 일단락되었다.

무로마치 막부는 남북조 동란기에 슈고 다이묘守護大名와의 연합 정권으로 출발했으며 처음부터 정치적 기반이 취약했다. 슈고 다이묘는 독립된 지방적 봉건 권력이 되어 막부의 통제를 벗어나려는 경향이 강했다. 슈고 다이묘가 강해지면 강해지는 만큼 중앙 권력으로서의 막부는 약화되고, 또 그 성장을 억제하려고 하면 슈고 다이묘들의 저항을 초래하여 무로마치 막부는 항상 불안정했다.

슈고는 가마쿠라 막부 시대에도 설치된 관직으로 구니 내에서의 반란 방지 및 치안 유지 등의 군사·경찰 업무를 주로 담당했다. 그러나 무로마치 시대에 들어와서 토지 관리 권한이 추가되자 슈고들은 지방관으로서 기한부로 임명받은 구니를 자신의 영지로 만들어 슈고 다이묘로 성장하였으며, 센고쿠 시대에는 센고쿠 다이묘로 변신했다. 센고쿠 다이묘는 슈고 다이묘를 제치고 영지를 독력으로 획득하고 독자적인 지배체제를 구축한 다이묘를 지칭한다.

초대 쇼군 아시카가 다카우지가 1358년 타계한 후에는 3남 요시아키라가 제2대 쇼군에 올랐다. 그러나 남조의 세력이 아직 강하여 몇 번이나 교토를 빼앗기는 등 정국이 불안한 가운데 요시아키라 쇼군은 재위 10년 만에 37세의 젊은 나이로 세상을 떠났다. 1368년 요시아키라의 장남, 11세의 요시미쓰(1358~1408)가 제3대 쇼군으로 취임했다. 요시미쓰는 초기에는 호소카와細川 가문을 중심으로 한 후견인들의 보좌를 받다가 스무 살이 되자 후견인을 물리치고 독재 체제를 구축하고 유력 슈고 다이묘를 정벌했다. 요시미쓰 쇼군은 1378년 교토의 무로마치에 꽃의 궁궐, 하나노고쇼花御所로 불리는 귀족 취향의 웅장하고 화려한 저택 겸 정청을 건립했다. 아시카가씨 정권을 무로마치 막부라고 하는 것은 이에 기인한다.

이성계(1335~1408)가 역성혁명을 통해 고려 왕조를 전복시키고 조선을 건국한 1392년에 실로 우연하게도 같은 해에 요시미쓰는 남조를 북조로 흡수하여 내란을 종식시켰다. 남북합일로 북조의 고코마쓰後小松 천황이 유일한 천황이 되었고, 그의 자손들이 역대의 황위를 계승하여 지금의 천황에 이르고 있다.

요시미쓰 쇼군은 조선과 명이 왜구의 단속을 요구해 온 것을 계기로 조선과 교린 관계를 수립하는 한편 명나라와는 1402년 책봉·조공 관계를 맺어 명의 황제로부터 '일본국왕 미나모토 요시미쓰日本國王源義滿'의 칭호를 부여받고 조공 무역을 개시하였다.

1404년에는 '일본국왕 미나모토노 요시미쓰'라는 칭호를 사용하여 조선에 사절을 보내 왜구의 근절을 약속했다. '일본국왕' 사절의 조선 파견은 이때가 처음이다. 이후 일본은 1568년 제15대 쇼군 아시카가 요시아키의 사절에 이르기까지 약 150년간, 60회에 걸쳐 조선에 사절을 파견했다. 처음에는 조선 국왕의 길흉경사에 예를 표한다는 명목이었으나 시간이 경과함에 따라 대장경 등을 청구하는 무역에 비중을 두는 것으로 변질되어 갔다. 기록광인 일본인들이 60회나 한성을 드나들었기 때문에 임진전쟁 때 일본군은 부산에 상륙하여 불과 20일 만에 한성을 함락시킬 수 있는 정보를 축적하였다. 그 후 에도 시대에 국교가 재개되어 12차례 통신사가 일본에 파견되었고, 일본 측의 사절도 왔으나 조선은 이들의 한성 출입을 금하고 부산에서 응대하도록 했다.

무로마치 막부의 전성기를 구축한 요시미쓰 쇼군은 1394년 돌연히 겨우 아홉 살인 요시모치에게 쇼군직을 물려주고 출가했다. 그는 교토의 기타야마北山 부근에 화려한 별장을 짓고 거처를 옮겼다. 연못가에 금박을 입힌 로쿠온지鹿苑寺를 건립하여 천황과 구게 등을 초청하여 향연을 베풀고 자신의 존재감을 과시했다. 로코온지는 쌀 100만 석에 해당하는 돈을 들여 금박으로 장식했기 때문에 통칭 긴카쿠지金閣寺로 불렸다. 긴카쿠지는 1950년 소실되었으나 1955년 재건되어 유네스코 세계문화유산으로 등록되었다. 첨언하자면 석石(고쿠)은 미곡 등의 분량을 헤아리는 단위로 쌀 1석은 현재의 가격으로 약 8만 엔으로 추산되며, 무가 시대의 봉록의 단위로도 사용되었다.

1394년 제4대 쇼군에 취임한 요시모치는 선대의 대내외 정책을 수정하고 자기 나름의 정치를 펴면서 명나라와의 무역을 굴욕적이라고 하여 중지시키고 단교했다. 요시모치의 이 같은 책봉체제 이탈

정책은 부친 요시미쓰 쇼군이 이복동생을 편애한 것에 대한 반감이 작용했다고 한다. 무로마치 막부는 책봉체제에서 이탈했으나 조선과의 교린 관계는 그대로 유지했다. 한편 1419년(세종 1) 5월 왜구가 충청도 비인과 황해도 해주를 약탈한 사건이 있었다. 조선은 왜구의 창궐이 쓰시마 도주의 선동에 의한 것으로 보았다. 이에 6월 삼군도체찰사三軍都體察使 이종무 등이 병선과 수군을 이끌고 쓰시마 원정에 나서서 큰 타격을 주고 10여 일 만에 거제도로 귀환했다. 이것이 기해동정己亥東征이다. 쓰시마 원정 이후 쓰시마는 왜구로부터 이탈하여 조일 외교와 무역의 중계지로 부상했다. 기해동정 다음 해 1420년 6월 일본을 방문한 송희경宋希璟(1376~1446)은 쇼군 요시모치와 회동하고 일본의 동정을 탐색했다. 송희경은 견문록인 『노송당 일본행록老松堂日本行錄』에서 "거지조차 곡물이 아닌 동전을 구걸할 정도로 화폐 경제와 상업이 사회 전반에 침투된 사실을 목격하고 놀라움을 금치 못했다"고 기술하고 있다. 부자가 망해도 삼 년 간다는 속담대로 무로마치 전성기의 잔영이 남아있었던 모양이다.

1423년 4대 요시모치 쇼군은 갑자기 쇼군직을 16세의 아들 요시카즈에게 양위했다. 두주불사斗酒不辭였던 5대 쇼군 요시카즈는 쇼군직에 오른 지 2년도 채 안 되어 열여덟 살의 나이에 이승을 하직했다. 선대 쇼군 요시모치가 쇼군직을 4년간이나 공석으로 남겨두고 정무를 총괄했으나 그 역시 1428년 1월 한창나이인 42세로 세상을 떠났다. 4대와 5대 쇼군이 후사를 정하지 않고 세상을 떠나버리자 4대 쇼군 요시모치의 4명의 형제들이 쇼군 승계를 놓고 제비

일본인과 쇼군

를 뽑았다. 행운의 당첨자는 출가하여 산사에서 목탁을 두드리고 있던 승려 기엔義圓이었다. 그는 바로 환속하여 요시노리로 개명하고 1429년 제6대 쇼군으로 취임했다. 요시노리는 즉위 초기에는 중신에게 정무를 위임했으나 곧 전제체제로 전환하여 사소한 이유로도 뜻이 맞지 않은 중신들을 숙청하였다.

한편 조선은 1428년(세종 10), 요시모치 쇼군의 서거에 조의를 표하는 한편 요시노리 쇼군 취임을 축하하기 위해 정사 박서생朴瑞生, 부사 이예李藝 등으로 구성된 사절단을 '통신사'라는 명칭으로 파견했다. 박서생은 6개월 정도 일본에 체류했다. 박서생은 귀국 후 조정에 올린 보고서에서 왜구의 통제를 위해서는 쇼군보다 지방 유력자와 교섭할 것과 금·은·동 등의 민간 채광 허용 및 과세 등을 건의하였지만 실제로 조정에서 이를 받아들여 정책에 반영한 기록은 없다.

제6대 쇼군 요시노리는 '제비뽑기'에 당첨된 것을 '신의 뜻'으로 받아들이고 자기도취적인 망상에 젖어 자신의 뜻을 따르지 않은 세력을 탄압하는 '공포정치'를 폈다. 요시노리 쇼군은 일련종의 승려가 자신에게 설법을 하자 그의 머리에 불에 달군 냄비를 씌우고, 말하지 못하도록 혀를 자른 후 추방했다고 한다. 결국 그는 47세 때 슈고 다이묘 아카마쓰 미쓰스케赤松滿祐 의해 살해되고 말았다. 쇼군의 암살은 전대미문의 사건으로 막부의 권위를 크게 실추시켰다. 그 후 요시노리의 장남 요시카쓰가 8세의 나이로 7대 쇼군직에 올랐으나 1년 정도 재임 중에 이질로 병사했다.

여담. 쇼군 요시카쓰 타계 수개월 전인 1443년 2월 신숙주申叔舟

(1417~1475)는 통신사의 서장관書狀官으로 일본을 방문하였다. 그는 반년 이상 일본에 체류하면서 보고 들은 것과 일본 정세 등을 종합하여 1471년『해동제국기海東諸國記』를 편찬하여 후세에 남겼다. 일본 지식의 집대성이라는 평가를 받고 있으며 훗날 일본을 방문한 조선 식자들의 필독서가 되었다. 신숙주의 임종 무렵에 성종이 "그래, 경은 나에게 남길 말은 없소"라고 물었다. 신숙주는 "바라건대 일본과 화和를 깨뜨리지 마십시오"라고 했다. 이는 오늘을 사는 우리도 음미해 볼 만하다. 한편 신숙주의 방일과는 별개로 조선 성부는 대마도체찰사對馬島體察使 이예를 쓰시마로 파견하여 쓰시마 도주 소 사다모리宗貞盛와 계해약조癸亥約條를 체결했다. 조선 정부가 매년 200석의 쌀과 콩을 하사하고, 쓰시마 도주는 매년 50척의 세견선을 보낼 수 있다는 등이 주요 내용이다.

당시 세상은 소란스러웠다. 슈고 다이묘들이 세력을 키워 쇼군가를 경시하는가 하면, 민중의 폭동이 빈발하고 유력 가문의 상속 분쟁이 심각한 상태였다. 이와 같은 상황에서 7대 쇼군 요시카쓰의 동생 요시마사가 13세로 제8대 쇼군에 올랐다. 그러나 요시마사가 정무에는 관심이 없고 예능과 풍류에 빠져 지내자 부인 히노 도미코日野富子(1440~1496)가 정치에 간여하기 시작했다.

이들 부부에게는 첫아들이 돌잔치도 못 치르고 죽은 다음에는 10년 가까이 애가 없었다. 그래서 1464년 출가한 동생 요시미義見를 후계자로 내정했더니 웬걸, 그다음 해에 아들 요시히사가 태어났다. 쇼군 요시마사는 부인 도미코의 '내 새끼를 쇼군으로' 하는 아집을

일본인과 쇼군

당할 수 없어 갓난아기 요시히사를 후계자로 인정하지 않을 수 없었다. 이에 쇼군 내정자 요시미가 반발하여 쇼군가는 양 파로 분열되었다.

1467년 정월, 교토를 중심으로 쇼군 승계 문제와 막부의 유력 가문의 상속 분쟁이 얽혀 무력 충돌로 비화했다. 오닌應仁의 난(1467~1477)의 발단이다. 10년 동안이나 계속된 전란으로 수도 교토는 초토화되었으며 전란이 전국으로 확산되었다. 한편 교토의 귀족과 문화인들이 다수 지방으로 피난하면서 교토의 문화가 전국적으로 확산되는 계기가 되었다. 피난 귀족들이 다수 몰려든 야마구치는 '서쪽의 교토'로 불렸다.

오닌의 난으로 막부는 전국적 정권으로서 권위를 완전히 상실하여, 교토를 중심으로 하는 지방 정권으로 전락하였다. 슈고 다이묘가 센고쿠 다이묘로 변모하여 각지에 할거하는 센고쿠 시대로 돌입했고 막부의 권위는 완전히 땅에 떨어졌으며 장원제도도 거의 붕괴되었다. 정치에 흥미를 잃은 8대 쇼군 요시마사는 동란 중인 1473년 쇼군직을 적자 요시히사에게 넘겨주고 교토의 히가시야마에 별장인 긴카쿠銀閣를 조성하고 이곳에 칩거하여 술과 예술에 빠져 지냈다. 이로 인해 간소하면서도 깊은 맛이 있는 히가시야마東山 문화가 창출되는 역설적인 현상이 일어났다. 히가시 문화는 전통적인 귀족 문화와 무가 문화, 선승들이 도입한 송나라 문화, 서민 문화가 융합한 복합 문화를 지칭한다. 히가시야마 문화를 중심으로 노能(가면극), 교겐狂言(코미디쇼), 다도, 꽃꽂이, 수묵화 등의 문화도 지방으로 확산되었다.

제8대 쇼군 아시카가 요시마사와 조선과의 관련 한 토막. 요시마사는 조선의 세조에게 1468년 화재로 손상된 교토의 덴류지天龍寺의 수복 관련 국서를 보내온 적이 있다. 덴류지는 1339년에 초대 쇼군 아시카가 다카우지가 고다이고 천황의 명복을 빌기 위해 건립한 사찰로 현재 유네스코 세계문화유산으로 지정되어 있다. '지난번 화재 때에도 도와주셨는데, 이번에도 도와주시면 감사하겠습니다'라는 취지의 국서 내용이 『세조실록』에 실려 있다. 그러나 국서가 조선 측에 전달되었던 무렵에 세조는 이미 이승을 하직한 뒤였다.

다시 본론으로, 8대 쇼군 아시카가 요시마사의 적자 요시히사가 1473년 여덟 살의 어린 나이에 제9대 쇼군으로 취임하였으나 정무는 여전히 중신들이 처리했다. 취임 후 10년이 될 무렵부터 정무에 관여하기 시작하여 실추한 쇼군의 권위를 회복하려고 시도했다. 그러나 과음과 여색으로 몸이 망가져 1489년 3월, 24세에 요절하고 말았다. 요시히사 쇼군의 사후에는 호소카와씨를 중심으로 하는 유력 슈고 다이묘가 정치를 마음대로 주물렀다.

제10대 쇼군은 8대 쇼군 요시마사의 부인인 히노 도미코가 옹립한 요시타네였다. 그는 요시마사의 동생이자 쇼군에 내정되었다가 밀려난 요시미의 아들이었다. 히노 도미코는 요시타네 쇼군이 고분고분하지 않자 그를 교토의 료안지龍安寺에 유폐하고 1494년 겨울, 14세의 요시즈미를 제11대 쇼군으로 추대했다. 그러나 유폐되었던 요시타네는 유배지에서 탈주하여 1508년 7월 요시즈미 쇼군을 축출하고 쇼군으로 복귀하여 13년간이나 쇼군의 자리를 지켰다.

제12대 쇼군에 요시즈미의 아들 요시하루가 1521년 취임했다. 요시하루 쇼군 치세기(1521~1546)에 시마네현 이와미岩見 은광이 개발되어 일본이 전 세계 은 생산량의 25~30%를 차지할 정도였다. 일본이 세계 굴지의 은 산출국이 된 것은 조선의 은 제련 기술인 회취법灰吹法을 활용한 덕분이었다. 회취법은 납과 은의 녹는 온도 차이를 이용하여 순도 높은 은을 만드는 제련 기술이다.

이와미 은광 홍보 자료에 "회취법은 1533년 하카타(후쿠오카)의 호상 가미야 주테이神屋壽禎가 조선에서 초청한 경수慶壽와 종단宗丹이라는 기술자에 의해 일본 내에서는 처음으로 이와미 은광에 도입되었다"라고 기술되어 있다. 조선인이 개발한 납과 은의 분리법은 조선에서 빛을 보지 못하고 일본에서 꽃을 피웠다. 1516년 중종은 연산군 때의 사치 풍조 척결을 내세워 은광 채굴을 금지했기 때문이다.

요시하루 쇼군이 슈고 다이묘의 세력 다툼으로 종종 수도에서 쫓겨나 전전하다 39세로 병사하자 열 살인 그의 아들 아시카가 요시테루가 1546년 12월, 제13대 쇼군에 올랐다. 쇼군 요시테루는 포르투갈 선교사를 호의적으로 대하고, 1559년 가스파르 빌렐라Gaspar Vilela 신부를 접견, 신부들의 교토 거주를 허용하였다. 이른바 가톨릭 보호자의 쇼군이 등장한 것이다.

요시테루 쇼군은 병법을 배운 검술의 달인으로 오다 노부나가織田信長, 다케다 신겐武田信玄 등 지방 다이묘와 친교를 맺어 관직을 하사하는 등 쇼군의 실권 회복을 꾀했다. 그러나 요시테루 쇼군은

1565년 5월 교토의 실력자 마쓰나가 히사히데^{松永久秀}의 급습을 받고 피살되고 말았다. 당시에는 하극상의 풍조가 만연한 때라고 하나 6대 쇼군 요시노리에 이어 두 번째로 쇼군이 신하에 의해 피살되는 것은 이변이라고 아니 할 수 없다. 한편 가톨릭에 관대했던 쇼군 요시테루가 사라지자 제106대 오기마치^{正親町} 천황(재위 1557~1586)은 신부를 추방하는 금교령을 내렸다.

요시테루 쇼군 사후 3년 9개월이나 쇼군의 자리가 공석이었다. 1568년 2월 이윽고 제14대 쇼군 요시히데가 즉위했지만, 그는 수도권 지역의 무장들이 옹립한 명목상의 쇼군으로 재임 7개월 만에 28세의 나이에 병사하고 말았다.

무로마치 막부의 마지막 쇼군인 제15대 쇼군에는 아시카가 요시아키가 오다 노부나가의 추대로 1568년 취임했다. 요시아키 쇼군은 막부 재건을 목표로 의욕적으로 정무에 임했으나 노부나가가 훼살을 놓아 둘 사이의 관계는 악화될 수밖에 없었다. 요시아키는 반노부나가 세력을 결집하여 1573년 거병했으나 패하여 쇼군직에서 축출되었다. 이로써 무로마치 막부는 15대 235년 만에 붕괴했다. 오갈 데 없는 처량한 신세가 된 요시아키는 출가하여 승려로서 여생을 보내다 60세 때 열반에 들었다.

무로마치 막부의 240년간은 남북조 병립, 오닌의 난, 크고 작은 민중의 폭동이 끊이지 않았던 그야말로 격동의 시대였다. 반면에 각 계층 간에 일어난 활발한 연대의 움직임이 지방의 성장과 상업의 활성화를 촉진하였고, 또한 교토의 문화인들이 지방으로 다수 이주하여 문화의 저변을 확장하여 현대 일본의 전통문화인 노, 교겐, 렌가連歌, 사루가쿠猿樂, 다도, 꽃꽂이 등을 크게 발전시켰다.

칼럼

남만南蠻의 바람 : 총포와 십자가

―총포류 전래

무로마치 막부 12대 쇼군 아시카가 요시하루 치세인 1543년 8월 규슈 남단의 섬, 다네가시마種子島에 중국 선박 한 척이 표착했다. 배 안에는 낯선 모습에 알아들을 수 없는 말을 지껄이는 사람들이 타고 있었다. 말이 통하지 않아 어쩔 줄 모르고 있을 때 중국인 선원이 나섰다. 모래 위에 한자를 써 가며 어렵사리 의사소통을 해서야 이들이 포르투갈 사람이라는 것을 알았다.

섬나라 일본이 처음으로 유럽인을 대한 것이다. 포르투갈이 어디에 붙어 있는지 알 턱이 없었지만 그저 남쪽 나라에서 온 외국인이라는 뜻으로 남만인南蠻人이라고 불렀다. 남만은 남쪽의 야만인이라는 뜻으로, 중국을 기준으로 남쪽에 있는 민족을 일컫는 말이다. 그리고 이들과의 무역을 남만 무역이라고 했다. 그들의 배에 실려 있던 총포류는 이후 일본 역사를 크게 바꾸어 놓았다. 당시 인구 150만 명밖에 안 되는 포르투갈의 모험가들이 일본과 유럽 관계의 디딤돌을 놓은 셈이다.

그들은 15세의 영주 다네가시마 도키타카種子島時堯(1528~1579)가 보는 가운데 시범적으로 총을 몇 발 먼 발치로 발사하였다. 소년 영주는 난생 처음 보는 총의 위력에 경탄하며, 은 200냥이라는 거금을 선뜻 내주고 총 2정을 구입했다. 은 200냥은 현재의 금액으로 약 4천만 원에 상당하는 큰돈이다. 소년 영주는 직인들에게 총기를 분해하고 제조 방법을 터득케 하고 사격술을 익히도록 하였다. 이 총포는 뎃포, 조총, 화승총 등으로 불렸으나 현대적 의미의 소총이라 하겠다.

소년 영주의 호기심 덕분에 2년이 채 지나지 않아 총포가 대량 제작되어 일본 전국에서 행세깨나 하는 무장들이 너도나도 앞다투어 사들였다. 오사카 부근의 유명한 상업도시인 사카이堺에서는 직인을 다네가시마에 체류시켜 조총 제작을 익히도록 했다. 그 후 조총이 관서 지방에서 시작하여 일본 전역으로 퍼지게 되었다.

도요토미 히데요시豊臣秀吉가 임진전쟁을 도발한 때는 조총이 전래된 지 50년 후인 1592년이다. 이 반세기 동안 일본에서는 조총을 프랑스 육군의 소총에 못지않은 신예 무기로 개량하여 대량 생산체제를 갖추어 임진전쟁 때 우리 측의 간담을 서늘케 하였다. 총포를 조선에서는 '하늘을 나는 새를 쏘아 맞힐 수 있다'는 의미에서 조총鳥銃이라고 불렀다. 일본에서는 일반적으로 총구가 11미리 이하면 총, 그 이상은 대포라고 했다. 사실 소년 영주가 포르투갈 조총을 처음 본 동양인은 아니었다. 이보다 30년 전인 1514년, 명나라 광동성廣東省 두문斗門에서 처음 선보였으나 명나라 조정은 별로 관심을 보이지 않았다고 한다.

임진전쟁 때 이순신 장군을 천거한 유성룡柳成龍은 『징비록懲毖錄』에 "조총의 사격 거리와 명중도는 활에 비할 바가 아니다. 활이란 백 보밖에 못 가는데 조총은 수백 보를 나간다. 그런 데다가 바람 속에 우박처럼 쏟아지니 그것을 당할 수 없는 것은 당연하다"라고 기술하고 있다.

『징비록』에 임진전쟁 발발 1년 전인 1591년 황윤길黃允吉 일행이 일본을 방문하고 귀로에 올랐을 때 쓰시마 도주가 서너 정의 조총을 선물로 주었으나 조선 측은 이를 중요하게 여기지 않았다고 기술하고 있음을 첨언한다.

─선교사 하비에르, 일본 상륙

오다 노부나가가 태어난 1534년에, 프랑스 파리에서는 프란치스코 하비에르Saint Francis Xavier(1506~1552)와 가톨릭 군인인 이냐시오 데 로욜라Ignatius de Loyola(1491~1556) 등이 예수회를 결성했다. 예수회는 1517년 마르틴 루터 등의 종교개혁으로 프로테스탄트(신교)가 세력을 넓히자 이에 맞서 가톨릭계에서 출범시킨 수도회이다. 하비에르는 예수회 창립을 주도한 7명 중의 한 사람이다. 예수회의 선교 활동과 에스파냐, 포르투갈의 세계 진출은 밀접하게 연관되어 있었다. 1534년에 태어난 오다 노부나가와 예수회는 그 후 일본 역사에 큰 영향을 미치게 된다.

무로마치 막부 제13대 쇼군 아시카가 요시테루의 치세기인 1549

년 8월 15일 예수회 선교사 하비에르가 일본인 안지로安次郎의 안내로 가고시마鹿兒島에 상륙함으로써 가톨릭이 일본에 전래되게 되었다. 가고시마 출신의 안지로는 중죄를 저지르고 말라카로 도망갔다가 하비에르를 만나 입교하여 바울로라는 세례명으로 세례를 받아 일본인 가톨릭 신자 1호가 되었다. 안지로는 그 후 포교 활동을 하다가 다시 해외로 갔다고 하나 행적이 묘연하다.

첨언하자면, 크리스트교 신자를 '기리시탄'이라고 부르고 '吉利支丹'으로 표기했다. 그러나 에도 막부 제5대 쇼군 도쿠가와 쓰나요시德川綱吉 이후에는 동아시아 한중일 3국의 관습인 피휘避諱에 따라 쓰나요시의 '길吉' 자를 회피하여 '절切'을 사용하여 '切支丹'이라고 표기했다.

하비에르는 일본인의 왕성한 호기심을 접하고 가톨릭이 널리 퍼질 것으로 기대하고, 일본 선교에 대한 천황과 쇼군의 허가를 받기 위해 교토로 갔으나 면담은커녕 천황궁에 발을 들여놓지도 못했다. 또한 13대 쇼군 요시테루를 예방했지만 불교 세력들의 반발에 부딪쳐 전국적인 포교는 허락받지 못했다. 그 후 하비에르는 히라도平戸, 야마구치, 오이타大分 등에서 포교를 허용하는 다이묘들의 영지에서 포교하여 500여 명에게 세례를 주었다. 그는 2년 남짓한 일본 체류를 통해 일본을 개종시키기 위해서는 일본의 문화적 스승이라 할 수 있는 중국을 먼저 공략하는 것이 효과적인 방법이라는 판단을 하고 중국으로 떠났다. 그러나 광둥성 상촨섬上川島에서 입국허가를 기다리던 중 풍토병에 걸려 본토를 밟아보지도 못하고 1522년 12월

일본인과 쇼군

소천하고 말았다.

하비에르의 뒤를 이어 일본에 온 선교사들은 백성들이 영주의 말이라면 죽는 시늉까지 한다는 사실을 알고 영주를 개종시키는 데 온갖 힘을 쏟았다. 1563년에는 오무라 스미타다大村純忠(1533~1587)가 가신 25명과 함께 세례를 받아 기리시탄 제1호 영주로 등록하자 줄줄이 사탕식으로 새로운 신자가 늘어났다. 나가사키長崎에 1569년 무렵부터 교회가 생기기 시작하여 신도들이 비약적으로 늘어났다. 센고쿠 시대라는 난세에 영주로서 영지를 지키고 발전시키기 위해, 포르투갈 무역이 가져오는 이익은 매력적이었다. 일본의 영주들이 세례를 받은 것은, 가톨릭에 관심이 있어서가 아니라 무역을 통한 경제적 부를 확보하기 위한 방편이었다. 염불에는 마음이 없고 잿밥에 관심이 있었던 것이다.

이러한 상황에서 선교사들은 새로운 정치적 후견자가 필요하여 오다 노부나가에게 접근했다. 한편 무로마치 막부를 멸망시킨 오다 노부나가는 불교 세력을 견제할 셈으로 크리스트교의 포교를 허용하고 자신이 조영한 아즈치성安土城 아래에 예수회 학교 세미나리오 (신학교) 건립을 허가했다. 1581년 교토에서 예수회 발리냐노 순찰사와 로드리게스 선교사를 접견할 때 노부나가는 발리냐노의 흑인 시종에게 각별한 관심을 나타냈다. 발리냐노는 눈치 빠르게 모잠비크 출신의 흑인 시종을 노부나가에게 헌상하여 그의 환심을 샀다. 노부나가는 몇 번인가 흑인의 상반신을 벗겨 씻어 보았다. 씻으면 씻을수록 더 검어지는 것 같아 '아하'를 연발하였다. 노부나가는 그를 '야스케'라고 부르고, 칼을 찰 수 있는 무사로 발탁하여 몸종같이 부렸다. 일본 역사상 유일무이한 흑인 무사 등장이다. 그러나 1582년 노부나가가 부하의 모반으로 세상을 떠나자 야스케는 오갈 데 없는 신세로 흔적도 없이 사라지고 말았다.

日本人將軍

제3장

센고쿠 시대의 3걸

무로마치 막부 제8대 쇼군 아시카가 요시마사 집정기인 1467년에 쇼군 후계자 문제로 오닌의 난이 일어났다. 10년에 걸친 전란으로 수도 교토는 황폐해졌고, 막부의 통솔력은 현저히 약화되어 센고쿠 다이묘의 발호 등으로 100년간에 걸친 센고쿠 시대戰國時代(1467~1568)로 접어들었다.

센고쿠 시대 3걸三傑 오다 노부나가, 도요토미 히데요시, 도쿠가와 이에야스가 센고쿠 시대 후기에 등장하여 천하를 노렸다. 이들은 우연히도 센고쿠 시대 최대 격전지인 일본열도 중부에 위치한 나고야名古屋 지방에서 태어났다. 이들의 성격의 차이를 상징적으로 비유하는 교카狂歌(21자의 풍자와 익살을 주로 한 단가)의 구절이 유명하다. '두견새가 울지 않으면' 노부나가는 울라고 명령한 다음 울지 않으면 그 자리에서 칼로 목을 베어버리고, 히데요시는 무슨 수를 써서라도 울게 하고, 이에야스는 울 때까지 느긋하게 기다린다는 것이다. 이는 노부나가의 과단성, 히데요시의 기략, 이에야스의 인내심을 빗댄 것이다.

1 ｜ 오다 노부나가

오다 노부나가織田信長(1534~1582)는 오와리노쿠니尾張國(60만 석)의
4개 군 통치를 위임받은 슈고다이守護代의 집안에서 태어났다. 슈고
다이는 막부로부터 슈고로 임명을 받았지만 임지에 부임하지 않은
슈고를 대리하여 영지를 관리하던 현지의 실무 관리를 지칭한다.

노부나가는 어릴 적부터 이상한 옷차림을 하고 기이한 행동이 잦
아서 사람들이 '괴짜'라 부르기도 했다. 노부나가는 1551년 부친이
급사한 후 17세에 가독을 이어받아 1559년에 당시 8개 군으로 분리
되어 있던 오와리노쿠니를 통일하는 수완을 발휘하였다. 다음 해에
오케하자마桶狹間 전투에서 3천 명의 병사로 2만 5천 명을 거느린
도카이東海의 거두 이마가와 요시모토今川義元(1519~1560)를 무너뜨리
면서 전국적인 인물로 떠올랐다.

노부나가는 1567년 미노美濃(기후현)를 공략한 후부터 '무력으로
천하를 지배한다'는 '천하포무天下布武'라는 인장을 사용하기 시작했
다. 이때 '천하'는 일본 전국을 지칭하는 것이 아니라 교토와 오사카
주변에 한정된 지역을 의미한다. 다음 해에는 신하에 의해 살해된
무로마치 13대 쇼군 아시카가 요시테루의 동생 요시아키를 받들어

교토에 입성하여 그를 아시카가 요시아키 15대 쇼군으로 즉위시키고 실권을 장악했다.

노부나가는 출신이나 연고를 따지지 않는 합리주의자이자 실력주의자였다. 도요토미 히데요시는 농민 출신이고, 자신을 죽음으로 몰아넣은 아케치 미쓰히데는 가문도 내력도 알 수 없는데도 능력을 보고 발탁했던 것이다.

한편 노부나가는 살벌한 학살을 자행한 냉혈한이다. 1571년 고대 이래 조정을 지키는 성지로서 숭배의 대상인 히에이산比叡山을 불로 공격하여 천태종 총본산인 엔랴쿠지延曆寺를 불태워 4천 명의 승려를 죽음으로 몰아넣었다. 이 사건은 조정과 막부 그리고 민중들에게 엄청난 충격을 주었다. 4천 명은 현재 도쿄대학의 교원 수 4천 명과 맞먹는 정도이다. 당시 승려는 지식 계급이며 특히 엔랴쿠지는 최고 수준의 지식의 보고였다. 엔랴구지에 대한 강경 대응은 불교계의 공격 수단을 무력화하여 정치에 관여하지 못하게 하기 위해서였다. 이 정교 분리야말로 노부나가가 일본사에 남긴 최대의 공작으로 꼽힌다.

노부나가는 또한 새롭고 신기한 것을 좋아했다. 그는 총포, 쾌속정 등 신무기와 기동력을 활용하여 일본 중앙부를 거의 제압하고 교토로 입성해 자신이 옹립한 15대 쇼군 아시카가 요시아키를 추방한다. 이로써 무로마치 막부는 1573년 15대 235년 만에 막을 내린다.

노부나가는 1576년부터 1579년에 걸쳐 시가현滋賀縣의 동쪽, 수

류 교통의 요지인 아즈치安土에 화려하고 웅장한 성을 축성하여 자신의 권위를 한껏 과시했다. 센고쿠 시대 후기에 총포가 전래되자 험준한 요새에 성을 축성하는 것은 더는 의미가 없어졌다. 5층 7계의 덴슈카쿠天守閣가 있는 아즈치성은 당시 지어진 성 가운데 그 예가 없는 참신한 성곽이었다. 그는 성 주위에 시가지를 조성하여 상인을 유치, 세금을 감면해 주고 상업 활동의 자유를 보장하는 '라쿠이치樂市' 정책을 실시하는 한편 특권적인 동업조합인 라쿠자樂座를 폐지했다. 노부나가가 성을 중심으로 조카마치城下町(시가지)를 개발하고 상인과 수공업자를 유치한 도시 건설 전략은 히데요시와 이에야스가 계승, 발전시킨다.

노부나가는 아즈치성을 거성居城으로 삼아 본격적인 천하통일에 나섰다. 그러나 임진전쟁 10년 전인 1582년 6월 2일 모리씨毛利氏 정벌을 위해 떠난 노부나가는 교토의 혼노지本能寺에서 자신의 부하인 아케치 미쓰히데의 모반으로 사원에 불을 지르고 화염 속에서 자결, 48세의 짧고 굵은 생을 마감했다. 이른바 혼노지本能寺의 변이다. 내부의 적을 경계해야 한다는 의미의 경구, '적은 혼노지에 있다'는 이 사건에서 유래되었다. 혼노지 가까이 있는 사원에 머물고 있던 노부나가의 후계자인 장남 노부타다도 미쓰히데의 공격을 받아 자인하였다.

칼럼

모반자, 아케치 미쓰히데

아케치 미쓰히데明智光秀(1526~1582)는 총포를 다루는 기량이 뛰어나 40대 중반의 나이에 8세 연하의 노부나가에 의해 발탁되었다. 미쓰히데는 15년 남짓 노부나가의 휘하에 있는 동안 54만 석의 영주로 출세했다.

1582년 5월, 노부나가는 자신의 초청으로 아즈치성을 방문하는 도쿠가와 이에야스의 접대역을 미쓰히데에게 맡겼다. 54만 석의 다이묘가 접대역에 나서야 했다. 그런데도 미쓰히데는 불평하지 않고 주군 노부나가의 기대에 어긋나지 않도록 성의를 다해 준비하여 접대역을 훌륭하게 수행했다. 주빈 이에야스도 만족하고 미쓰히데에게 사의를 표했다.

노부나가는 이에야스가 돌아간 다음 미쓰히데를 불러 접대가 지나쳤다고 하면서 "이에야스에게 붙으려는 흑심이 있는 것이 아닌가"라고 힐책했다. 노부나가는 주위의 시동에게 따끔한 맛을 보여주라고 했다. 아무리 주군의 명령이라고 하지만 54만 석의 다이묘를 어떻게 때릴 수 있겠는가. 시동은 부채로 미쓰히데의 어깨를 살짝 때리는 시늉을 했다. 그러자 노부나가가 자신이 끔찍이 총애하는 모리 란마루森蘭丸(1565~1582)에게 "란마루, 네가 후려쳐라"라고 소리쳤다. 란마루는 손에 쥐고 있던 쇠살 부채로 미쓰히데의 미간을 사정없이 서너 번 후려쳤다. 피가 용솟음쳤다. 순식간에 옷과 다다미에 선혈

이 낭자했다. 그런데도 미쓰히데는 정좌한 채로 꼼짝도 않고 있었다. "꼴 보기 싫다. 꺼져라"라는 노부나가의 불호령에 미쓰히데는 엎드려 공손히 절을 한 다음에 흐르는 피를 훔치지도 않고 묵묵히 물러갔다.

수일 후 노부나가는 미쓰히데에게 오카야마현 서부의 빗추備中에서 모리씨와 대치하고 있는 도요토미 히데요시를 지원하라는 명령을 내렸다. 이는 동격인 히데요시의 지휘하에 들어가라는 것과 다름없다. 미쓰히데는 1568년 노부나가의 휘하에 들어온 이래 15년 동안 지금까지 일편단심으로 섬겨온 주군으로부터 이 같은 굴욕적인 명령을 받은 것에 큰 충격을 받았다.

1582년 6월 1일 미쓰히데는 히데요시를 지원하기 위해 빗추로 간다면서 1만 명의 병력을 인솔하여 교토로 향했다. 다음 날, 고작 100여 명의 병력만을 데리고 교토의 혼노지에 머물고 있는 주군 오다 노부나가를 급습했던 것이다. 노부나가는 새벽녘에 밖이 소란해지자 란마루에게 "누구냐"고 짧게 묻고, "미쓰히데"라는 대답에 모든 것을 체념하고 란마루와 함께 화염 속으로 사라졌다고 한다.

노부나가는 용모가 수려하고 재기가 넘친 모리 란마루 소년을 총애하여 6만 석의 영지를 내려주었다. 천황이 고작 10만 석에 불과한 것을 고려하면 6만 석은 실로 파격적인 대우였다. 결국 란마루는 혼노지 변에서 주군과 함께 죽음을 택했다. '지상에서 영원으로' 이어진 동성애였다고 할까.

여담. 이에야스가 노부나가의 아즈치성 방문을 마치고 30여 명의 수행원을 거느리고 교토로 가던 중 이가^{伊賀} 고개 부근에서 혼노지의 변의 정보를 입수했다. 이에야스는 상경을 포기하고 급히 방향을 바꿔 자신의 오카자키성으로 향했지만 미쓰히데의 추격이 예상되어 절체절명의 위기에 봉착했다. 이때 한 무사가 나타나 이가 지역의 밀정을 동원해 3일간 안내해준 끝에 이에야스는 무사히 귀환했다. 이에야스의 은인이 된 예의 무사, 핫토리 한조 마사시게^{服部半藏正成}는 8천 석의 녹을 받고, 쇼군 직속의 무사로 발탁되었다.

2 | 도요토미 히데요시

'혼노지의 변'이 일어나던 때, 도요토미 히데요시豊臣秀吉(1536~1598)
는 혼슈 서쪽 지역 빗추에서 모리씨毛利氏와 전투를 벌이고 있었다.
히데요시는 사태를 듣자마자 주군의 횡사를 비밀에 붙이고 모리와
강화하고 3만 명의 군대를 돌려 교토로 향했다. 빗추에서 교토 남
쪽 야마자키山崎에 이르는 180킬로미터의 장거리를 7일 만에 달려
와 아케치 미쓰히데를 야마자키 전투에서 격파하여 주군의 원수를
갚았다. 노부나가가 죽은 지 겨우 10일 후의 일이다. 이 같은 신속함
이 히데요시를 노부나가의 후계자로 만들었다. 한편 미쓰히데는 도
망가던 중 농민에게 살해되고 말았다.

히데요시는 노부나가가 태어난 나고야의 오와리에서 농민의 아
들로 태어났다. 소년 시절에 반드시 출세하겠다는 다부진 각오로
가출을 했다. 하지만 재주는 있으나 출신이 미천하여 좀처럼 출세의
길이 열리지 않았다. 이 불우한 사내를 알아준 무장이 오다 노부나
가였다. 1554년 18세 때 노부나가의 짚신지기를 시작한 이래 30년
가까이 노부나가를 지성으로 섬겨왔다. 히데요시는 노부나가의 사
후 후계자 경쟁에서 노부나가 차남 노부가쓰를 배제하고 사실상 그

의 후계자가 되어 주군이 못다 이룬 천하통일의 장정에 나섰다.

히데요시는 노부나가 사후에 그의 기반을 이어받아 거의 천하를 통일해 놓고 동쪽의 강자인 도쿠가와 이에야스만 남겨놓고 있었다. 천하통일의 길목에 버티고 있는 이에야스는 골칫거리였다. 정면으로 승부를 겨루는 것도 한 방법이지만『전국책戰國策』에 이르기를 두 마리의 호랑이가 싸우면 작은 것은 죽고 큰 것은 다친다고 하였다. 히데요시는 이에야스와 싸워서 이긴다 하더라도 자신 역시 타격을 입을 것이 분명한 만큼 싸우지 않고 굴복시킬 방법을 찾았다.

히데요시가 잔머리를 굴려 짜낸 묘안은 여동생 아사히히메旭姫(1543~1590)를 이에야스에게 시집보내 그를 매제로 삼는 것이었다. 마침 이에야스의 정실 자리가 비어 있었다. 문제는 아사히히메가 중년의 나이로 결혼해서 잘 살고 있었다는 것이다. 히데요시는 싫다고 버티는 여동생을 간신히 설득해 이에야스에게로 출가시켰다. 이렇게 하여 두 사람은 정면충돌을 피하고 잠정적으로 타협하여 후일을 기약할 수 있게 되었다.

출생 성분에 콤플렉스를 가지고 있던 히데요시는 자신의 어머니가 태양이 몸속으로 들어오는 꿈을 꾸고 자신을 잉태했다고 허풍을 떨었고, 황실과 귀족을 동경했다. 히데요시는 조정과 귀족들의 호감을 사기 위해 신경을 많이 썼다. 1585년 7월 관백關白이 되었다. 그해 10월 도쿠가와 이에야스가 오사카성에서 히데요시를 배알하고 신종臣從을 표명했다. 나아가 이듬해 1586년 12월 조정으로부터 도요토미豊臣라는 성씨와 태정대신의 관직을 받아 도요토미 정권을 수립했다.

1588년 봄, 히데요시는 자신이 교토에 건립한 장엄의 극치를 이룬 성곽풍의 저택 주라쿠테이聚樂第에 고요제이後陽成 천황을 초청하였다. 그리고 천황의 면전에서 오다 노부나가의 차남, 오다 노부가쓰와 이에야스 등 여러 다이묘들에게 충성 서약을 받아 천하에 자신의 위세를 과시했다. 사실 그는 정이대장군이 되려는 야망이 있었다. 하지만 가마쿠라 막부를 개설한 쇼군 미나모토노 요리토모가 "쇼군은 반드시 미나모토라는 성을 가진 씨족인 겐지源氏만이 될 수 있다"라고 정해 놓았기 때문에 평민 출신인 히데요시는 쇼군이 될 수 없었다.

꾀보 히데요시는 궁리 끝에 무로마치 막부 멸망 후 서리 맞은 구렁이 신세가 된 무로마치 막부 최후의 쇼군 아시카가 요시아키에게 자신을 상속권이 없는 양자로 받아 줄 것을 요청했다. 요시아키가 이를 수락한다면 여생을 우아하게 보낼 수 있는 제안이었다. 그러나 그는 비천한 가문 출신인 주제에 감히 쇼군가의 성씨를 달라고 한데 대해 자존심이 상했던지 한마디로 거절했다. 그런데도 히데요시는 천하통일 후 요시아키를 오사카에 살도록 하고 1만 석을 공여하는 등의 호의를 베풀었다.

히데요시는 오다 노부나가의 은혜를 가장 많이 입은 사람이었다. 노부나가가 아니었다면 미천하고 가난한 농민의 아들로 태어난 히데요시가 최고 권력자가 될 수 없었을 것이다. 그런데 권력을 장악한 히데요시는 노부나가의 3남 노부타카를 자결시키고, 노부나가의 딸, 조카 등을 측실로 삼았다. 히데요시는 주군인 오다 가문을 멸망시키고 욕보인 장본인이다. 하극상과 배신이 일상화 된 센고쿠 시대에는 신의를 성실히 지키는 것만으로는 생존할 수 없었던 당시 상황의 단면을 보여준 것이다.

천하통일을 시야에 둔 히데요시는 아직 후계자가 없어 초조했다. 젊었을 때부터 수십 명의 여자들을 상대했지만 아이를 얻지 못했는데, 1589년 5월 장남 쓰루마쓰鶴松가 마침내 태어났다. 당시 히데요시는 53세, 산모 요도도노淀殿(1567~1615)는 오다 노부나가의 조카로 22세였다. 그러나 병약한 쓰루마쓰가 1591년 8월 겨우 두 살 때 죽고 말았다. 낙담한 히데요시는 생질 히데쓰구를 양자로 들이고 관백의 지위를 물려주고 자신은 다이코太閤로 칭하고 조선 침략을 획책했다.

기적이 일어났다. 임진전쟁 중인 1593년 8월 요도도노가 차남 히데요리秀賴를 낳았다. 그 후 건강하게 자라고 있는 히데요리를 본 사람들은 한결같이 아빠를 닮은 데가 없다고 숙덕거렸다. 히데요시의 명령으로 요도도노를 가까이서 모시고 있던 오노 하루나가大野治長를 닮았다고들 했다. 하루나가는 요도도노의 유모의 아들로서 요도도노보다 두 살 연하였다. 요도도노의 간통설은 정유재란 때 일본에 끌려가 2년 남짓 억류되었다가 귀국한 강항姜沆의 『간양록看羊錄』에도 언급되어 있다.

근년 간행된 출판물에는 히데요시가 유행성 이하선염을 앓아 합병증으로 고환염을 일으켜 남자 불임증(무정자 또는 정자 결핍)에 걸렸던 것으로 보인다고 적고 있다. 히데요시 자신도 히데요리가 자신의 자식이 아니라는 것을 알고 있었다고 한다. 하루나가는 히데요리 모자가 1615년 오사카 여름 전투에서 이에야스에게 패배하여 오사카성에서 자살할 때 함께 저세상으로 떠났다.

1596년 늦가을, 필리핀 마닐라에서 출항하여 멕시코로 항해하던 스페인의 선박 산 펠리페San Felipe호가 폭풍우로 파손되어 현재의 고치현高知縣의 우라도浦戶항에 입항하였다. 도요토미 히데요시는 선적 화물을 전부 몰수했다. 그때 항해장이 '선교사들은 침략의 앞잡이'라는 의미의 말을 했다고 한 것이 히데요시의 귀에 들어갔다.

히데요시는 1596년 12월 교토와 오사카에서 프란치스코회 소속 신부와 선교사 6명, 일본인 수도자 및 신도 등 모두 26명을 체포하여 나가사키로 연행하여 처형하도록 명하였다. 이는 나가사키의 많은 신자들에게 본때를 보임으로써 배교를 유도할 심산이었다. 정유재란의 와중인 1597년 2월 5일 오전, 오늘날 나가사키역 건너편의 니시자카西坂 언덕에서 26명이 십자가에 매달려 순교하였다. 이들 26명의 순교자들은 1862년 교황 비오 9세에 의해 성인으로 시성되었다.

히데요시가 진구神功 황후의 삼한 정벌 주술에 사로잡혀 도발한 임진전쟁은 조선을 피폐화시켰을 뿐만 아니라 결국 도요토미 정권을 멸망의 길로 들어서게 했다. 두 번에 걸친 조선 침공에 일본은 15만 명의 병력을 파병했다. 이처럼 많은 병력을 동원해야 했던 다이묘들은 파산 상태에 직면했다. 히데요시는 조선 침략에 전력을 소모하여 멸망했고, 이에야스 정권을 탄생시킨 셈이다.

히데요시는 가톨릭 신부와 신자들을 처형한 다음 해인 1598년 8월 18일, 다섯 살의 후계자 도요토미 히데요리豊臣秀頼(1593~1615)를 이에야스 등에게 눈물로 부탁하고 61세를 일기로 숨을 거두었다. '이슬처럼 떨어졌다 이슬처럼 사라지는 게 인생인가. 세상만사 모두가 일장춘몽이네'라고 읊은 사세辭世가 전해지고 있다.

히데요시는 죽어 교토의 아미타봉이라 불리는 산 위에 안장되었으나 이에야스 집권 후 그의 무덤은 파헤쳐졌다. 그런데 그것을 수습하여 지금의 근사한 무덤으로 꾸민 것은 도쿠가와 막부를 붕괴시킨 메이지 정부였다. 히데요시가 추구했던 전국 통일과 대륙 침략의 야망이 메이지 정부의 대내외 정책과 맞아떨어졌기 때문이다. 도요토미 히데요시 사후 300주년인 1898년 재정비되었다. 도요토미 히데요시가 근대 일본의 입헌 군주제 국가에서 국력을 확장하고 세계로 웅비한 영웅으로서 부활한 것이다. 메이지 천황은 그에게 도요쿠니 대명신豊國大明神이라는 신위와 함께 정1품의 관직을 내렸다.

칼럼

도요토미 히데요시와 조선 사절

1590년 7월, 일본의 요청에 따라 조선에서 정사 황윤길, 부사 김성일金誠一, 서장관 허성許筬 등으로 구성된 통신사가 교토에 도착하였다. 도요토미 히데요시가 호조 가문의 오다와라성小田原城을 함락시키고 동북 지방 오슈奧州 지역으로 출정하던 즈음이었다.

오슈 지역에 대한 처분 후에도 히데요시는 곧장 교토로 돌아가지 않고 아리마有馬 지역의 온천에서 휴식을 취하는 등 일부러 시간을 끌다가 11월에야 사절을 주라쿠테이에서 접견하고 국서를 전달받았다. 게다가 히데요시는 돌이 갓 지난 외아들 쓰루마쓰를 무릎에 앉히고 사절을 접견하더니 아이가 오줌을 싸자 큰 소리로 웃으며 소란을 피웠다. '외교는 의례이다Diplomacy is protocol'라고 하는데 의례를 무시한 히데요시의 안하무인 격의 소행은 사절을 분노케 했다.

조선의 사절이 전달한 국서에 항복 운운하는 내용이 없지만, 히데요시는 사절의 내왕을 항복 의사 표명으로 멋대로 단정하고 답서에는 정명향도征明嚮導, 명나라 공격의 선두에 설 것을 요구한다. 조선 사절단은 1591년 1월 쓰시마의 관원과 함께 부산포에 도착했다. 쓰시마 측이 '정명향도'를 '가도입명假途入明' 즉 '명나라로 들어가는 길을 빌려달라'는 요구로 바꾸었다. 조선 사절이 교토를 떠날 즈음인 1590년 말 조선 침공의 거점으로서 지금의 사가현佐賀縣 나고야名護屋에 축성을 결정하고 이듬해부터 공사를 매우 빠른 속도로 진행하였다. 이 시점이 되면 히데요시의 정복 목표는 조선과 명을 넘어 자신이 알고 있는 전 세계로 확대된다.

임진전쟁 때, 영의정과 병조판서를 역임한 유성룡의 『징비록』에 의하면, 히데요시는 조선 사절의 정사와 부사에게 각각 은 400냥을, 서장관과 통사 이하의 수행원에게도 신분에 차등을 두어 은을 지급하였다고 기록되어 있다. 은 400냥은 현재의 금액으로 환산하면 800만 엔 정도의 거금이다.

당시 조선의 국제 정세 인식은 충분치 못했다. 정사 황윤길이 일본 방문 후 "반드시 병화가 있을 것입니다"라고 선조에게 복명한데 대해, 부사 김성일은 "그러한 조짐이 있는 것은 보지 못했습니다"라고 정반대의 보고를 했다. 이는 조선의 지도층이 은과 조총으로 상징된 일본의 국력을 제대로 평가할 수 없었던 것이다.

사실 왜구 침탈과 히데요시의 조선 침략 이전에 일본이라는 나라는 조선 식자들의 관심 밖이었다. 이노우에 히데오井上秀雄의 『고대 일본인의 외국관』에 의하면, 『일본서기』에 나오는 외국의 국명의 횟수는 총 1343회, 이 중 한반도의 국가가 1206회, 중국 대륙의 국가가 137회이다. 한편 『삼국사기』에는 일본 관계 언급이 40여 회, 『삼국유사』에는 14회에 불과하다. 이는 한반도 국가의 일본에 대한 무관심을 단적으로 보여준 예이다.

여담. 유성룡의 『징비록』은 1695년 교토에서 『조선 징비록』이란 서명으로 출판되어 널리 익혔으나 우리나라에서는 1633년 첫 편찬 이후 1936년 조선사편수회에서 영인본으로 간행할 때까지 240여 년간 잊힌 책이었다.

3 | 도쿠가와 이에야스

  도쿠가와 이에야스德川家康(1542~1616)는 1542년 30만 석의 아이치현愛知縣 미카와국三河國의 오카자키岡崎 성주 마쓰다이라 히로타다松平廣忠(1526~1549)의 장남으로 태어났다. 비록 좋은 신분으로 태어나긴 했지만 동쪽으로는 이마가와가今川家, 서쪽으로는 오다가織田家, 북쪽으로는 다케다가武田家 등의 협공을 받는 위치이다. 때문에 이에야스는 오다가와 이마가와가의 양쪽의 인질이 되어 여섯 살 때부터 열아홉 살 때까지 힘겨운 나날을 보내야 했다. 그뿐만이 아니다. 이에야스의 조부 기요야스淸康와 친부 히로타다가 가신에 의해 피살되는 불행을 겪어야 했다. 이와 같은 경험을 통해 이에야스는 '참으면 모든 문이 열린다'는 교훈을 터득했고, 때가 무르익기를 참을성 있게 기다리는 인내의 달인이 되었다.

  이에야스는 세 살 때 친어머니 오다이於大와 생이별하고, 여덟 살 때 아버지와 사별하는 쓰라린 아픔을 겪었다. 이마가와 요시모토의 인질로 있을 때 이마가와 가문의 일족으로 대접을 받는 중신의 딸 쓰키야마도노築山殿와 결혼했다. 그러나 이마가와 요시모토가 오케하자마 전투에서 오다 노부나가에게 패사하자 이에야스는 이마가와 결별하고 훗날 노부나가의 딸, 도쿠히메德姫를 며느리로 맞이하게 되었다.

이마가와 일족으로 대접받고 있는 이에야스의 정실 쓰기야마도노 입장에서 보면 며느리 도쿠히메는 원수의 딸이라 고부간의 관계가 원만할 수 없었다. 한편 이에야스의 장남 노부야스는 어머니의 눈치를 보느라고 부인을 살갑게 대하지 못했다. 이런 중에 1579년 7월 도쿠히메가 아버지 노부나가에게 남편과 시어머니가 숙적인 다케다 가문과 내통하고 있다는 밀서를 보냈다. 격노한 노부나가는 이에야스에게 노부야스 모자의 처벌을 명했다.

이에야스는 고민 끝에 아직은 때가 아니라고 판단하여 부인과 아들을 자해시키고 노부나가와의 종속적인 동맹관계를 유지해 나갔다. 약육강식의 시대를 헤쳐 온 이에야스는 자신보다 강한 자에게는 당연히 복종해야 한다는 '살아남기'의 처신을 몸에 익혀 온 능구렁이다. 젊은 시절에는 이마가와를 따랐고, 성장하여서는 오다 노부나가에게 복종한 데 이어 노부나가 사후에는 도요토미 히데요시를 섬기면서 '인내는 무사장구無事長久'라는 자신의 신조를 곱씹으며 느긋하게 때를 기다렸다.

한편 히데요시는 1590년 7월 이에야스를 선봉에 내세워 도쿄의 인접지인 간토 지역의 호조가北條家를 멸망시킨 다음 동북 지방의 다이묘들을 복속시켰다. 혼노지의 변으로부터 불과 8년 만에 주군 오다 노부나가의 비원이었던 전국 평정의 대업을 성취한 것이다. 이제 히데요시가 신경을 써야 할 대상은 단 한 사람, 천하통일의 협력자이자 경쟁자인 도쿠가와 이에야스뿐이었다.

　7월 13일 히데요시는 호조씨 토벌에 대한 논공행상을 하는 자리
에서, 이에야스에게 그의 본거지인 미카와 등의 5개국 영지를 이제
막 손에 넣은 호조씨의 간토 8개국 영지와 교환할 것을 지시했다.
이에야스는 영지 교환으로 3개국의 영지가 늘어난다고 마냥 좋아
할 수는 없었다. 미카와는 조상 대대로 내려온 도쿠가와 가문의 본
거지로 정치와 경제의 중심지인 교토, 오사카와 가까운 요지에 위
치해 있었기 때문이다. 당시 간토의 에도라고 하면 어디에 붙어 있
는지도 모르는 변방이었다. 간토는 조정이 있는 교토의 동쪽으로 오
늘날의 이바라키茨城, 지바千葉, 군마群馬, 사이타마埼玉, 가나가와神奈
川, 도치기栃木 6현과 도쿄도를 포함한 지역이다.

　히데요시는 포상이라는 명목으로 영지 교환을 지시했지만 실은
이에야스를 본거지와 멀리 떨어진 간토로 격리시켜 그를 견제하려
는 포석이 깔려 있었다. 이에야스가 반평생을 바쳐 피흘려가며 싸
워 쟁취한 영지에는 자신의 심복들을 배치하였다. 이에야스는 히데
요시의 속셈을 뻔히 알면서도 싫은 기색 하나 없이 "분부대로 거행
하겠습니다"라고 공손한 태도를 보이고 히데요시가 지시를 내린 지
한 달도 안 된 1590년 8월 이전을 완료했다. 그 신속함에는 히데요
시도 혀를 내두를 정도였다.

　히데요시는 간토로 옮긴 이에야스에게 본성本城을 호조씨의 거
성 오다와라성이 아니라 에도에 있는 지성支城으로 하라고 명령했
다. 에도성의 역사는 꽤나 오래되었는데, 에도씨江戸氏라는 성씨를 가

진 무사가 헤이안 시대 말기에 이곳에 저택을 마련한 데서 비롯되었다고 한다. 무로마치 시대인 1457년 무인 오타 도칸太田道灌(1432~1486)이 그 저택 자리를 중심으로 성을 축성한 것이 에도성이라고 한다. 오다와라(가나가와현)는 15세기 중반부터 5대, 100년에 걸쳐 호조씨가 다스린 영지의 중심지였다. 오다와라성은 견고한 데다 내성만으로도 동서 1,600미터, 남북 1,000미터에 달하는 거대한 성곽이었다. 성의 주변에는 상인과 수공업자들의 집결지, 조카마치가 발달해 있었고 농산물과 해산물의 산출도 풍부했다.

반면에 당시 에도는 갈대가 무성한 습지로 살 집도 제대로 지을 수 없는 형편이었다. 이에야스가 들어갈 무렵, 에도의 민가는 약 200호, 인구는 고작 1천 명 정도였다. 히데요시가 이에야스에게 호조씨의 출장소와 다름없는 에도에 본거지를 두라고 한 것은 거리상으로 오다와라보다 에도가 오사카에서 멀리 떨어져 있고, 유사시 공격하기 쉬운 점 등을 염두에 둔 것으로 보인다.

이에야스가 쫓겨나듯 에도로 간 것은 오히려 전화위복이 되었다. 에도로 이주한 지 2년이 채 안 된 1592년 히데요시가 임진전쟁을 도발하여 다이묘들에게 병력을 징발했다. 하지만 이에야스는 조선에 단 한 명의 병사도 보내지 않았고 1만 5천 명의 병력을 인솔하고 침략의 전진 기지가 있는 규슈 북부의 나고야성으로 출진했다. 히데요시는 잠재적 라이벌인 이에야스를 지근거리에 묶어 두려는 속셈이었다. 나고야성을 중심으로 반경 3킬로미터 내에 약 120명의 다이묘들이 포진했다. 이에야스가 나고야성에 대기하는 동안 조선으로 두 차례 출병했던 일본군은 고전을 면치 못했을 뿐만 아니라 엄청난 인적·물적 손실을 보았다. 반면에 이에야스는 병력의 손실과 영지의 피폐를 면하고 간토의 실력자로 부상할 수 있었고, 전후 조선과 통교를 보다 용이하게 재개할 수 있게 되었던 것이다.

칼럼

이에야스, 푸른 눈의 사무라이 발탁

1600년 3월, '사랑'의 뜻을 가진 네덜란드 상선 리프데Liefde호가 폭풍으로 지금의 오이타현 우스키臼杵 해안에 표착했다. 110명의 승무원 중 생존자는 겨우 24명이었고 게다가 혼자서 걸을 수 있는 사람은 불과 대여섯 명밖에 없었다. 우스키 성주는 난파선을 항구로 예인하여 탈진 상태의 선원들을 돌보아 주었다.

나가사키에서 선교 활동 중이었던 예수회 선교사들은 관원에게 네덜란드인들은 해적이라고 하면서 국외로 추방시키라고 부추겼다. 당시 포르투갈은 네덜란드와 무역을 둘러싸고 아옹다옹하고 있었다. 한편 당시 일본의 정치 상황은 1598년 8월 도요토미 히데요시의 사후, 도쿠가와계와 도요토미계가 권력 투쟁을 벌이고 있는 와중이었다. 천하의 패권을 판가름하는 세키가하라關が原 결전을 반년 앞둔 미묘한 시기였다.

이에야스는 선원들을 추방시키기는커녕 네덜란드 선원 요스텐Jan

Joosten과 영국 항해사 애덤스William Adams(1564~1620)를 직접 오사카 성으로 불러 항해의 목적과 최근 유럽의 정세 등을 탐문하고 특히 선적화물에 대해 비상한 관심을 나타냈다. 이에 대해 애덤스는 유리 제품, 안경, 총포류 500정 및 대포 포탄 500개, 화약 5천 파운드 등이 화물에 포함되어 있다고 하면서, 리프데호는 해적선이 아니고 일본과 무역을 하기 위해 온 것이라고 했다.

애덤스는 12세부터 12년간 런던 교외의 꽤나 알려진 조선소에 도제로 들어가 조선, 항해, 포술 등을 배웠다고 했다. 또한 해군에 입대하여 1588년 프랜시스 드레이크Francis Drake 제독의 지휘하에 에스파냐의 무적함대를 격파한 전투에 참가했다고 하여 이에야스를 놀라게 했다. 애덤스는 이에야스의 요청에 따라 영국식 범선 2척을 실제로 만들어 보이는 등 선박 제조와 대포, 화약의 사용법을 설명하였다.

이에야스는 수일간에 걸쳐 장시간 이야기를 나누면서 이들을 면밀히 관찰했다. 에스파냐의 무적함대 전투에 참전한 애덤스의 경험과 실제로 보여준 능력으로 보아 쓸 만한 인재라는 결론을 내리고 리프데호를 도쿠가와의 수군 기지가 있는 에도 부근의 우라가浦賀(요코스카横須賀)로 회항시키고 무기류를 전부 인수하였다. 애덤스는 1600년 9월 세키가하라 전투에서 영국, 네덜란드로부터 수입한 최신 총포를 사용하여 이에야스 측의 승리에 한몫을 하였다.

세키가하라 전투에서 승리하여 천하를 장악한 이에야스는 애덤스를 외교 고문으로 발탁했다. 이에야스는 신정권의 안정을 위해서는 국가의 부를 증진시키는 것이 중요하고, 이를 위해서는 외국과의 무역 진흥이 효과적인 방법이라고 판단하고 이들을 활용하기로 했다. 애덤스는 아이들과 부인이 기다리고 있는 영국으로 돌아가기를 희망했다. 그러나 이에야스는 왼고개를 젓고 일본 여성과 결혼시켜 에도 중심지의 저택을 하사하고 우라가 부근에 250석의 영지를 주어 애덤스를 푸른 눈의 사무라이로 변신시켰다. 에도 시대의 저명한 계몽사상가인 후쿠자와 유키치福澤諭吉(1835~1901)의 아버지가 하급 무사로서 받는 봉록이 13석이었던 점을 감안하면 250석은 상당한 대우였다는 것을 알 수 있다. 일본인들은 애덤스를 미우라 안진三浦按針으로 불렀는데 이는 '미우라三浦에 사는 항해사按針'라는 의미이다.

이에야스의 신임을 얻은 애덤스는 네덜란드, 영국과의 통상을 적극적으로 추진했다. 포르투갈과 네덜란드가 히라도에서 상관을 개설하고 폐관하는 것을 지켜본 애덤스는 영국 정부에 상관 설치를 건의했다. 이에 따라 영국 정부는 존 새리스John Saris 제독을 파견했다. 1616년 4월 이에야스가 서거한 그해 6월 히라도에 도착한 새리스 제독은 에도로 가서 애덤스의 주선으로 제2대 쇼군 도쿠가와 히데타다德川秀忠를 알현, 제임스 1세의 친서와 예물을 전달하고 무역 허가증인 슈인조朱印狀를 받았다. 한편 히데타다는 제임스 1세에 대한 답례품으로 갑옷을 주었다. 그로부터 400년 후인 2023년 1월 11일, 영국 리시 수낵Rishi Sunak 총리와 일본 기시다 후미오岸田文雄 총리는 영국 런던 타워에서 예의 갑옷을 직접 볼 수 있었다. 수낵 총

일본인과 쇼군

리는 이 갑옷을 '4세기에 걸친 영·일 관계의 전통과 역사의 상징'이라고 언급했다.

애덤스는 1620년 4월, 지병으로 죽음을 앞두고 일본의 처자식과 영국의 가족들에게 재산을 반분하는 유서를 남겼다. 또한 모든 사용인들에게도 섭섭지 않게 배려하여 그들 모두 눈시울을 적셨다. 애덤스 기념비가 있는 곳이 오사카, 구스키, 히라도 등 대여섯 군데나 된다.

한편 네덜란드 항해사 요스텐도 이에야스의 통상 고문으로 태국, 캄보디아 등과의 무역에 종사하다 1623년에 항해 중 사고로 익사했다. 현재 도쿄역 야에스구치八重洲口 앞의 상가를 '야에스'라고 하는데 이는 요스텐이 이에야스로부터 받은 '요스텐의 저택'에서 연유한 것이다.

여담. 네덜란드의 상선 리프데호가 일본에 표착한 지 약 50년 후인 1653년에 제주도에 네덜란드 선박이 표착했다. 조선에서는 선박의 선원 하멜 등 18명의 네덜란드인을 격리시키는 데 급급했다. 이들이 10년 동안의 억류 끝에 나가사키로 도주한 후, 일본의 잔류 네덜란드인의 송환 요청을 받고서야 그들의 국적이 네덜란드라는 것을 알았을 정도였다. 하멜 일행이 10년이나 체류했는데도 그들로부터 어학이나 항해술을 배우려고 했던 괴짜는 없었다. 당시 일본에서는 네덜란드어 사전이 발간되고, 네덜란드어 통역 20여 명이 활동하고 있었다. 참으로 대조적인 상황이라고 아니 할 수 없다.

日本人
將軍

제4장

에도 막부의 개설과
15대 쇼군의 면면

에도 막부 쇼군 일람표

씨명	재임기간
초대 도쿠가와 이에야스德川家康	1603.02 ~ 1605.04
제2대 도쿠가와 히데타다德川秀忠	1605.04 ~ 1623.07
제3대 도쿠가와 이에미쓰德川家光	1623.07 ~ 1651.04
제4대 도쿠가와 이에쓰나德川家綱	1651.08 ~ 1680.05
제5대 도쿠가와 쓰나요시德川綱吉	1680.08 ~ 1709.01
제6대 도쿠가와 이에노부德川家宣	1709.05 ~ 1712.10
제7대 도쿠가와 이에쓰구德川家繼	1713.04 ~ 1716.04
제8대 도쿠가와 요시무네德川吉宗	1716.08 ~ 1745.09
제9대 도쿠가와 이에시게德川家重	1745.11 ~ 1760.05
제10대 도쿠가와 이에하루德川家治	1760.09 ~ 1786.09
제11대 도쿠가와 이에나리德川家齊	1787.04 ~ 1837.04
제12대 도쿠가와 이에요시德川家慶	1837.09 ~ 1853.06
제13대 도쿠가와 이에사다德川家定	1853.10 ~ 1858.07
제14대 도쿠가와 이에모치德川家茂	1858.12 ~ 1866.08
제15대 도쿠가와 요시노부德川慶喜	1866.12 ~ 1867.12

1 │ 체제 확립기

초대 쇼군
도쿠가와 이에야스德川家康

    도요토미 히데요시가 죽었을 때 도쿠가와 이에야스는 이미 60대를 앞둔 나이였다. 천하통일을 서둘러야 했다. 1600년 9월 15일 전국의 다이묘들이 두 편으로 나누어 교토에서 북쪽으로 약 80킬로미터 떨어진 세키가하라^(기후현)에서 맞붙었다. 이에야스가 지휘하는 약 7만여 명의 동군이 히데요시의 적자 도요토미 히데요리를 추종하는 약 8만 4천 명의 서군을 불과 하루 만에 격파했다. 도요토미 히데요시의 조카, 서군의 고바야카와 히데아키小早川秀秋의 배반이 승패를 좌우했다. 이로써 이에야스는 전국적 지배자로서의 지위를 확립하고, 히데요리를 200만 석에서 60만 석의 일개 다이묘로 격하시켰다. 이에야스는 서군에 가담한 80여 명의 다이묘의 영지와 저택을 몰수하고 가문을 폐절시키는 가이에키改易를 단행했다. 몰수한 632만 석의 영지는 동군의 다이묘들에게 상으로 나누어 주었다.

    이에야스는 2024년 유네스코 세계문화유산으로 등록된 사도佐

渡 금광 등의 전국의 주요 금·은 광산을 쇼군 관할로 편입하였다. 사도 금광의 수익은 막부의 연공 수입에 필적하는 정도였다. 또한 이에야스는 쇼군에 오르기 전인 게이초慶長 5년(1600)에 게이초고반慶長小判을 주조하였다. 금의 함유량이 86.79%나 되는 금화를 선보임으로써 도쿠가와 신정권의 부와 권위를 한껏 과시하였다.

이에야스는 1603년 2월, 고요제이 천황으로부터 정이대장군에 임명되어 명실공히 천하의 패자로서 에도 막부를 개설했다. 100년 동안 계속되던 전란의 시대는 막을 내리고 평화를 구가하는 도쿠가와 쇼군의 에도 시대가 시작되었다. 일본에서는 "노부나가가 찧고, 히데요시가 반죽한 천하의 떡, 앉아서 먹는 것은 이에야스"라는 교카의 구절이 있다. 이에야스가 노부나가와 히데요시 시대에는 자중하면서 실력을 키우며 인고의 17년을 버티자 천하가 이에야스의 손 안으로 굴러왔다고 풍자한 것이다.

에도 막부를 개설한 이에야스의 당면 과제는 봉건 질서의 재편성이었다. 그는 체제를 옹호하는 이데올로기로서 군신 상하의 신분적 질서와 충효를 중요시하는 유학에 관심을 보였다. 이에야스는 유학을 통해 지배체제를 확립하고 혼란한 사회 질서를 바로 잡으려고 하였다. 이에야스는 임진전쟁 때 일본으로 연행된 강항으로부터 주자학에 눈을 뜬 후지와라 세이카를 시강으로 초빙했으나 그는 고사하고 대신 문하생 하야시 라잔林羅山(1583~1657)을 천거했다. 하야시 라잔은 4대 쇼군 이에쓰나에 이르기까지 쇼군의 시강을 맡아서 에도 막부의 문교 정책과 외교문서 기안을 하는 등 막부정치에 관여했다.

　　　　　　　　　　　　　　　　　　일본인과 쇼군

초대 쇼군 도쿠가와 이에야스

德川家康, 1542~1616

생몰년(향년) : 1542년 12월 26일 ~ 1616년 4월 17일(74세)

재직연대(기간) : 1603년 2월 12일 ~ 1605년 4월 16일(2년 2개월)

사인 : 위암   추정 신장 : 159cm*   측실 수 : 19명   자녀 수 : 19명

*시노다 다쓰아키篠田達明, 『도쿠가와쇼군 15대의 진료기록』

그의 문하생 아라이 하쿠세키新井白石, 아메노모리 호슈雨森芳洲 등은 일본의 대조선 외교에 관여했다.

도요토미 히데요시의 조선 침략으로 조선과 일본 간의 외교 관계는 단절되었다. 이에야스는 개방적인 국제 관계를 모색한 가운데 조선과의 국교 수복을 적극적으로 추진하였다. 이에야스 쇼군은 1605년 3월 교토의 후시미성伏見城에서 탐적사라는 임무를 띠고 일본을 방문한 사명대사泗溟大師(惟政, 1544~1610)를 접견하고, 자신은 임진전쟁에 참전하지 않았다면서 조선과의 통화通和를 바란다고 했다. 이에 대해 사명대사는 통화 여부는 일본이 성실한가 아닌가에 달려 있다고 쐐기를 박았다. 이에야스는 사명대사로 하여금 3천여 명의 조선인 피로인을 대동하고 귀국토록 배려했다. 사명대사는 이에야스의 이 같은 태도로 보아 일본에 의한 재침은 없으리라는 판단을 하고 귀국할 수 있었다.

이에야스는 1603년 2월 정이대장군에 임명된 다음 해인 1604년부터 전국의 다이묘를 동원하여 에도성과 시가지를 대대적으로 개축하는 공사에 착수했다. 다이묘들은 영지의 규모에 따라 건축 자재와 인부, 체재비 등을 부담해야 했기에 지출이 이만저만이 아니었다. 1604년에 제1차 공사가 시작되어 3대 쇼군 이에미쓰 치세기인 1636년에 완성될 때까지 20여 차례에 걸쳐 공사가 진행되었다. 이와 같은 대규모 공사는 다이묘들의 재력을 소진시켜 막부에 대항할 힘을 빼려는 정치적 속셈도 있었다.

에도 막부는 가마쿠라, 무로마치 막부와는 달리 일본 전국을 통치의 범위로 하였다. 이에야스는 정치적 지배체제로 중앙 정권인 막부와 다이묘의 번으로 구성된 막번체제幕藩體制를 도입했다. 막번체제는 쇼군(막부)과 다이묘(번)가 공존하지만, 중앙집권적인 색채가 강한 봉건체제를 말한다. 쇼군이 중앙과 각지의 직할지를 지배하고, 1만 석石(1石: 쌀 180kg) 이상의 영지를 보유한 다이묘들은 번이라 불리는 영지와 영민에 대한 지배권을 인정받았다.

다이묘가 다스리는 번藩은 일종의 독립된 소국가로 에도 시대(1603~1867)에는 전국적으로 260여 개의 번이 있었다. 지방의 영주를 다이묘 또는 한슈藩主라고 하고, 그들이 다스리는 영국領國을 번藩이라고 했다. 군사력과 경제력의 토대가 되는 것이 녹봉祿俸이다. 전국약 3천만 석 가운데 막부는 약 800만 석을 쇼군과 하타모토旗本(쇼군의 직속 무사단)의 직할령으로 하고, 약 400만 석은 신판親藩과 후다이譜代 다이묘의 몫으로 하고, 나머지 약 1,800만 석이 도자마外樣 다이묘의 차지가 된다. 이 같은 막번체제는 막부가 압도적인 군사력을 갖추고 있었기 때문에 가능했으나 막부 말에 사쓰마薩摩, 조슈長州 등서남 지역의 큰 번들이 막부보다 우월한 신예 군비를 갖추게 되자막부는 붕괴의 길로 들어서게 된다.

이에야스는 다이묘들을 도쿠가와가에 대한 친소 관계에 따라 신판, 후다이, 도자마 등 세 부류로 나누었다. 신판 다이묘는 이에야스의 직계 자손을 중심으로 한 쇼군의 친족 다이묘로 20여 명이었다. 신판 다이묘는 쇼군과 혈연적으로 가까운 관계로 거리낌 없이 정치에 대해 운운할 우려가 있어 정무직에서 배제되었다.

신판 다이묘 중 이에야스의 9남 요시나오義直, 10남 요리노부賴宣, 11남 요리후사賴房가 분가하여 개설한 오와리(아이치현), 기이紀伊(와카야마현和歌山縣), 미토水戶(이바라키현)의 번을 고산케御三家라 한다. 고산케는 쇼군을 보좌하고 종가의 후계가 단절되었을 때 쇼군직을 계승할 수 있는 가문으로 위세가 대단했다. 같은 다이묘라고 하더라도 길에서 고산케 가마를 마주치게 되면 가마에서 내려 경의를 표해야 했다. 때문에 일부 다이묘들은 고산케 가마와 마주치게 될 것 같으면 일부러 길을 바꿔 다른 곳으로 돌아갔다고 한다.

후다이 다이묘는 세키가하라 전투 이전부터 도쿠가와가의 가신이었던 다이묘와 세키가하라 전투에서 이에야스 편의 주력군으로 싸운 번주들을 지칭한 것으로 110여 개 가문이다. 신판 다이묘와 후다이 다이묘는 군사상의 요지와 에도 주변에 배치했다. 또한 다이로大老, 로주老中 등의 막부의 요직을 후다이 다이묘와 그 자손들이 대부분 차지했다. 이와 같은 시스템은 정치의 질적 저하를 초래했고 막부 말에는 서남 지역의 웅번雄藩(세력이 있는 큰 번)의 막부 타도를 유도하게 된다.

끝으로 90여 명에 달하는 도자마 다이묘는 세키가하라 전투에서 서군 즉 적군에 가세했던 세력으로 패배 후 도쿠가와씨에게 충성을 맹세한 번주들이다. 녹봉이 20만 고쿠다카石高 이상인 25개의 큰 번 가운데서 16개가 도자마 다이묘에 해당된다. 고쿠다카는 토지의 생산력을 고쿠石(쌀 1석=180kg)라는 단위로 표시한 것으로 다이묘들의 녹봉 정도와 가문의 품격을 나타내고 유사시 전투원의 동원

능력을 표시한다. 1만 석에 대해 250인 정도가 동원되었다. 도자마 다이묘들에게 이와 같이 고쿠다카가 많은 영지를 수여한 것은 은혜를 베풀어 주종 관계를 강화하여 막부에 반항하기 어렵게 하려는 정치적 의도가 있었다.

잠재적 적대 세력인 도자마 다이묘들은 상대적으로 충성도가 약한 만큼 에도에서 멀리 떨어진 사쓰마(가고시마)나 조슈(야마구치)와 같은 서남 지역에 영지를 주었다. 이들은 막부에서 고위 직책을 맡거나 정치에의 관여는 금지되어 있었으나 19세기 후반 막부 전복의 주도 세력으로 부상하였다.

한편 도요토미 히데요리 측은 정세를 낙관적으로 인식하고 이에야스의 정이대장군 보임을 그다지 중요시하지 않았다. 이에야스는 나이가 많아 히데요리가 성인이 되어 관백關白의 지위에 오르면 도쿠가와 막부는 자연히 소멸하리라고 기대했던 것이다. 그러나 이와 같은 기대는 허사가 되고 말았다. 63세의 이에야스가 쇼군 재임 고작 2년 만인 1605년 4월에 쇼군직을 후계자 26세의 히데타다에게 물려주었기 때문이다.

이에야스는 '쇼군직은 도쿠가와가 세습한다는 것을 만천하에 알리고 정권은 결코 도요토미가에 되돌려 주지 않는다는 것'을 분명히 한 것이다. 이에야스는 쇼군직을 양위한 후 이마가와가의 인질로서 소년 시대를 보냈던 슨푸駿府(시즈오카현靜岡縣)에 새로운 성을 축성하여 그곳으로 옮겼다. 그곳에서 전직 쇼군 즉 오고쇼大御所로서 10년간 막후에서 막부를 원격 조정하는 이원정치二院政治를 행하였다. 이

원정치라고 하면 자동차의 양 바퀴처럼 보이나 그렇지 않다. 정치의 실무는 에도의 쇼군 히데타다를 중심으로 행하고, 슨푸의 이에야스는 실권을 장악하여 중요한 사안에 대해 쇼군 히데타다에게 지시를 하는 것이다.

이에야스가 막부를 개설했지만 도요토미 히데요시의 추종 세력이 완전히 제거된 것은 아니었다. 히데요시의 후계자 도요토미 히데요리가 스물한 살의 늠름한 청년으로 성장했고, 히데요시가 남긴 재력은 현재의 가격으로 약 70조 엔으로 추산된다고 한다. 더 이상 두고 볼 수 없었다. 당시 이에야스는 72세의 노령이었다.

이에야스는 1614년 7월 히데요리가 주조한 호코지方廣寺의 범종에 새겨진 '국가안강國家安康'이라는 문자가 자신의 이름 이에야스家康의 '이에家'와 '야스康' 사이에 '안安' 자를 넣어 고의로 갈라놓아 도쿠가와 가문을 저주하는 뜻을 교묘히 숨겨 놓았다고 트집을 잡았다. 이에야스는 이를 구실 삼아 1614년 11월 오사카 겨울 전투와 1615년 4월 오사카 여름 전투를 도발하여 도요토미가를 멸망시키고, 원호를 평화 시대 도래를 의미하는 겐나元和로 개원하였다. 이로써 명실공히 천하통일이 이루어졌으며, 이에야스의 승리로 농본주의·지방분권 노선을 지향하게 된다. 이에야스가 도요토미 히데요시 사후 15년간 두고 보았던 도요토미가를 멸망시키려 한 것은 세상의 변화를 인정하려 들지 않은 히데요리의 생모 요도도노의 자만과 아집 때문이기도 했다. 요도도노 모자가 이에야스에게 신하로서의 예를 갖추었더라면 도요토미 가문은 존속되었을 터이다.

이에야스는 오사카 여름 전투에서 도요토미씨를 멸망시킨 다음 해인 1615년 6월 13일 쇼군 히데타다의 명의로 다이묘가 거처하는 성을 제외한 모든 성을 파괴하라는 '일국일성령一國一城令'을 공표했다. 이 법령은 다이묘가 모반하였을 때 성을 거점으로 활용하지 못하도록 하기 위한 것으로 도요토미가에 은혜를 입은 시코쿠, 사쓰마 등의 다이묘들에게 엄격히 적용되었다. 이 법령 공포 후 불과 수일 내에 40여 개의 성이 파괴되었다.

일국일성령에 의해 영내의 지성이 파괴된 후 다이묘의 거성 주위, 조카城下에 형성된 조카마치가 번의 중심지가 되었다. 조카마치에는 직속 무사단 및 상인과 수공업자들을 집중시켜 번 내의 정치·상업의 중심지로 발전하였다. 오늘날 도시 중에는, 예를 들면 도쿄, 나고야, 오사카처럼 조카마치를 모체로 형성된 곳이 많다.

뿐만이 아니다. 7월 7일 쇼군 히데타다는 부친 이에야스의 지시로 전국의 다이묘들을 교토의 후시미성에 집결시켜 도당 결성 및 성의 신축 등을 금지하는 무가제법도武家諸法度 13개조를 반포했다. 제3조에서 "법도를 어긴 무리들을 그냥 내버려두거나 숨겨둘 수 없다"라고 규정하여 무단적인 통치를 시사했다. 또한 10일 후 7월 17일에는 조정과 귀족을 통제하는 천황 및 귀족에 관한 법도禁中並公家諸法度 17개조를 공포하였다. 이 법령은 이에야스의 명을 받들어 승려 스덴崇傳이 기초한 것으로 "천황과 공가는 학문과 일본의 전통 시가인 와카和歌에 힘써야 한다"고 규정함으로써 조정과 귀족들의 정치 간여를 배제하고 있다. 무가武家가 제정한 법에 의해 천황의 행동이 규

제된 것은 전례가 없는 일이었으나 이 법령은 막부 말까지 유효하였다. 또한 무가의 관위를 정원 외로 규정하여 귀족들의 직위에 영향을 미치지 않도록 배려했다.

주요 법령을 공포한 이듬해인 1616년 4월에 이에야스는 74세의 생을 마감했다. '인생 50년'이라고 하던 시대에 이례적으로 장수했다. 이에야스는 신경질적이라고 할 정도로 건강에 신경을 썼다. 당시로서는 건강관리 만점의 인간이었다. 100년간의 센고쿠 시대에 완전히 종지부를 찍고 막번체제의 기초를 확립한 후, 마치 이제는 자신의 임무를 다했다고 선언하듯 홀홀히 저세상으로 떠났다.

매사에 용의주도한 이에야스는 타계 2주일 전쯤 측근 3명을 불러 자신은 죽어서도 도쿠가와 막부를 수호하는 혼령이 되겠다면서 장례 절차 등에 관해 상세히 지시했다. 장사는 시즈오카의 구노산久能山에서 지내고, 장례는 에도의 조조지增上寺에서 거행한 후 위패는 조상의 위패가 안치되어 있는 고향의 다이주지大樹寺에 봉안하라고 했다. 그리고 1년 후에 닛코日光에 작은 사당을 지어 옮기라고 했다.

도쿠가와 이에야스 이래 쇼군이 세상을 떠나면 바로 그 자리에서 신장을 측정하여 등신대의 위패를 만들어 도쿠가와 가문의 근거지인 미카와의 다이주지에 봉안했다. 초대에서부터 14대까지 쇼군의 위패가 현재까지 보존되어 있어 쇼군의 신장이 어느 정도였는가를 짐작케 한다.

이에야스의 타계 1주기에 유언에 따라 그의 유해는 슨푸의 구노산에서 닛코산으로 옮겨졌다. 그 후 조정으로부터 '도쇼구 다이곤겐

東照宮大權現'이라는 신호神號가 추증되어 신격화되었다. 닛코의 도쇼구 다이곤겐, 즉 도쿠가와 이에야스의 영靈은 3대 쇼군 이에미쓰 집정기인 1646년에 이세진구伊勢神宮의 아마테라스 오미카미天照大神와 더불어 일본국 최고신의 지위가 부여되어 265년간의 에도 시대에 쇼군 권력의 정신적 지주 역할을 톡톡히 했다. 또한 도쇼구의 간판을 단 신사가 닛코뿐만이 아니라 전국에 550개 정도 조영되었으며, 각지의 도쇼구 제사와 마쓰리(축제)를 통해 이에야스의 신격화가 서민들에게 널리 침투되었다.

이에야스에 대한 평가는 긍정적인 면과 부정적인 면이 극명하게 교차되고 있다. 도요토미 히데요시에 비해 천황을 소홀히 대했다고 하여 근대까지 이에야스에 대한 평가는 곱지 않았다. 특히 막부가 붕괴되고 난 뒤 메이지 유신 이후 도요토미 히데요시는 대륙 웅비의 선구자로 부상하지만 이에야스는 간사하고 비열한 인물로 묘사되었다. 그러나 강인한 인내심과 조직력을 바탕으로 한 도쿠가와 이에야스 스타일의 지도력은 전후 일본의 대표적인 리더십 형태로 일본 지도자들에게 영향을 미쳤으며, 근년에는 긍정적인 평가가 늘어나고 있다. 특히 공전의 대히트작인 야마오카 소하치山岡莊八(1907~1978)의 『도쿠가와 이에야스』(문고판 26권)에서 이에야스를 철두철미하게 평화주의자로 묘사된 것이 대중의 인식에 좋은 영향을 주었다. 현재 일본인의 이에야스에 대한 이미지는 야마오카 작가가 만든 표상이라고 해도 과언이 아니다.

2023년 NHK가 약 40년 만에 도쿠가와 이에야스를 주인공으로 한 대하드라마 〈어떻게 하지, 이에야스〉를 방영하여 인기를 끌었다. 하지만 이에야스가 오다 노부나가, 도요토미 히데요시와 더불어 센고쿠 시대의 3걸이라고 하나 그들이 죽은 다음에야 패권을 잡았다는 점에서 극적 효과가 떨어진 것은 사실이다.

칼럼

에도성의 복마전, 오오쿠

에도성의 본건물 안쪽에 6,400평의 호화스러운 건물이 버티고 있다. 쇼군의 정실과 측실 등 수백 명의 여성들이 기거하는 에도의 하렘, 오오쿠大奥이다. 가마쿠라 막부의 미나모토노 요리토모 쇼군의 혈통이 3대로 단절된 것을 타산지석으로 삼아 이에야스가 도쿠가와 후계의 탄생과 양육을 위해 마련한 공간이다. 3대 쇼군 이에미쓰가 조부 이에야스의 뜻을 받들어 오오쿠를 새롭게 정비했다.

오오쿠는 원칙적으로 근무자를 제외하고 쇼군 이외의 '남성 출입 금지' 구역이다. 오오쿠의 안쪽에는 쇼군이 기거하는 나카오오쿠中大奥가 있다. 나카오오쿠에는 거실과 집무실, 노 무대能舞台, 욕실 등이 있으며 역대의 쇼군들은 대체로 나카오오쿠에 기거하고, 하루의 대부분을 이곳에서 보낸다. 세수, 식사 등 신변의 수발은 전부 시동이 한다.

오오쿠에는 쇼군의 욕실이 없다. 건립 당시에는 있었으나 중간에

일본인과 쇼군

없어졌다고 한다. 3대 쇼군 이에미쓰가 오오쿠에서 목욕 중에 등물을 쳐주던 하급 시녀에게 손을 대 그 시녀가 쇼군의 남아를 출산하여 하루아침에 쇼군의 측실로 벼락출세를 했다. 심기가 불편해진 당시의 오오쿠의 실력자가 쇼군의 욕실을 아예 없애버렸다고 한다. 여자의 집념은 무섭다.

나카오오쿠와 오오쿠는 긴 낭하로 연결되어 있으나 중간에 큼지막한 자물통이 채워져 있는 문이 있어 마음대로 오갈 수 없다. 낭하의 양쪽에 있는 방에는 천 명 정도의 시녀들이 신분과 업무 내용에 따라 배치되어 있다. 각 방에서 혼자 생활하나 더러는 2~3명이 함께 지내기도 한다. 오오쿠에 근무하는 시녀들의 직급은 약 30개에 달하며, 쇼군을 접촉할 수 있는 그룹과 그렇지 못한 그룹으로 나누어져 있다. 오오쿠는 쇼군의 정실을 중심으로 운영된다. 정실을 측근에서 모시는 교토의 귀족 출신의 궁녀가 정실의 상담역이자 오오쿠의 수장 역할을 하나, 오토시요리御年寄로 불리는 시녀가 실제로 오오쿠를 관장한다. 오토시요리는 막부의 정무를 총괄하는 로주老中를 실각시킬 정도의 파워가 있고 권력 암투의 중심이기도 했다.

오오쿠의 여인들은 30세가 되면 도코스베리床滑라 하며 침실에서 물러나야 했다. 상床이란 '침대', '잠자리'란 뜻으로 도코스베리는 잠자리에서 미끄러져 내린다는 뜻이다. 섹스 파트너의 정년이 30세인 셈이다. 오오쿠에서 쇼군이 시녀에게 "이름은?" 하고 물으면 오늘 저녁에 수청을 들라는 시그널이다. 그날 저녁, 쇼군과 그 여인이 잠자리에 들려고 하면 2명의 사내가 덩달아 쇼군과 여자의 옆자리에 따로따로 눕는다. 이들은 누워서 정사의 뜨거운 장면을 처음부터 끝까지 지켜볼 뿐만 아니라 잠자리의 대화도 한마디도 놓치지 않고 경청해야 한다. 그리고 이튿날 아침에 오오쿠의 책임자에게 간밤에 보고, 들은 것을 보고하는 것이 오오쿠의 규칙이라고 한다.

세계에서 유례를 찾을 수 없는 희한한 이 규정은 제5대 쇼군 도쿠가와 쓰나요시 때문에 생겼다. 쓰나요시 쇼군의 총애하는 이즈카 소메코飯塚染子가 어느 날 밤, 요란하게 감탕질을 하고 나더니 쇼군의 측신이자 자기와도 특별한 사이인 야나기사와 요시야스柳澤吉保에게 10만 석의 영주를 시켜달라고 베갯머리송사를 했다고 한다. 쇼군은 잠자리가 꽤나 만족했던지 소메코의 요청을 흔쾌히 받아들이고 서약서까지 써 주었다고 한다. 이 때문이지 모르겠으나 요시야스는 1704년에 15만 석의 고후 번주로 영전하였다. 그 이후부터 베갯머리송사를 방지하기 위해 쇼군의 잠자리에 2명의 불침번을 배치하게 되었다고 한다. 사실은 소설보다 더 재미있다.

칼럼

쇼군의 명을 거역한 조선 여인

1592년 4월, 조선을 침공한 일본군 제1 선봉장, 고니시 유키나가小西行長는 기리스탄 다이묘로 세례명은 아우구스티누스였다. 유키나가는 6월 평양성 부근에서 붙잡은 10대 초반의 여아를 구마모토의 우토성^{宇土城}에 있는 주스타 부인에게 보냈다. 가톨릭 신자인 주스타는 조선의 소녀를 '오타'라고 부르며 종교적인 분위기 속에서 양육했다.

1596년 6월, 주스타 부인의 주선으로 예수회 모레홍^{Petro Morejon} (1562~1639) 신부가 우토성에서 60여 명의 가신과 하인들을 대상으로 교리를 학습시킨 후 세례를 주었다. 그때 오타도 세례를 받아 오타 줄리아^{Ota Julia}로 다시 태어났다. 천주교 세례를 받으려면 여성의 경우는 신앙적 후견자인 대모가 있어야 하는데, 고맙게도 주스타 부인이 '대모'를 자청하고 나섰다.

1598년 8월, 임진왜란을 도발한 도요토미 히데요시가 죽자 일본군은 조선으로부터 철수하였고 권력의 축은 도쿠가와 이에야스 쪽으로 기울기 시작하였다. 1600년 이에야스의 동군과 도요토미 추종 세력인 서군이 세키가하라에서 격돌하게 되었다. 고니시 유키나가는 서군의 일원으로 싸웠으나 패하여 교토에서 참수형을 당하고 그의 집안은 몰락하였다.

오갈 데 없는 줄리아는 도쿠가와 이에야스 쇼군의 측실의 시녀가 되었다. 이에야스가 1605년 쇼군직을 양위하고 오고쇼로서 슨푸성에 새로운 거소를 마련할 때 줄리아를 비롯한 시녀들도 슨푸성으로 옮겼다. 이에야스는 재색 겸비의 줄리아를 매우 총애했던 모양이다. 쇼군은 우연한 계기에 줄리아가 가톨릭 신자라는 것을 알고 개종하라고 엄명을 내렸으나 그녀는 죽기를 각오하고 신앙을 고수하려고 했다.

이에야스는 처음에는 무역을 진흥시키기 위해 그리스도교에 대해 관대한 정책을 폈다. 그러나 신 앞의 평등을 설파하는 교리는 주종 관계와 상하 질서를 존중하는 봉건적 도덕률과 배치되어 용납하기 어려웠다. 게다가 신자들이 비약적으로 늘어나 1605년 무렵에는 약 30만 명에 달해 금교 정책으로 선회하게 된다.

1612년 3월, 막부의 가톨릭 금교 정책 실시와 더불어 줄리아는 슨푸성에서 추방되어 도쿄만 남쪽 이즈제도의 고즈시마神津島로 유배되었다. 고즈시마는 정치범들이 유배되는 절해고도였다. 일단 고즈시마에 들어가면 살아서는 못 나오고, 죽어 유배인 묘지에 묻혔다. 줄리아가 유배되었을 당시 그 섬에는 7~8명의 어부와 그 가족 등 50명 정도가 있었다.

필자는 2008년 12월 6일, 편도 12시간이 걸리는 여객선을 타고 고즈시마를 방문하여 줄리아의 묘에 헌화한 적이 있다. 1970년 3월 고즈시마 교육 위원회가 세운 묘비에 "1612년 봄, 유배되어 40년간 그리스도 신앙으로 살았던 오타 줄리아"라고 적혀있다. 고즈시마에서는 1970년 이후 매년 5월 이 묘비 앞에서 축제를 열었지만 그 무덤이 실제로 줄리아의 무덤인가의 여부를 둘러싸 오랫동안 논란이 계속되어 왔다.

예수회 일본 관구장 프란시스코 파체코Francisco Pacheco 신부는 1622년 2월 15일 예수회 본부에 보낸 공한에서 "줄리아는 1616년 4월 도쿠가와 이에야스 타계 후 사면되어 본토로 돌아왔으며, 현재 오사카에서 자신이 돕고 있다"고 기술하고 있다. 파체코 신부의 서한을 끝으로 줄리아의 행적은 묘연해지고 말았다.

사건이 일어났다. 2023년 4월 19일 아사히 신문이 오다 줄리아의 1609년 8월 19일 자의 친필 서한이 발견되었다고 보도하였다. 이 편지는 줄리아가 조선에서 헤어진 남동생으로 추정되는 무라타 운나키에게 보낸 것으로 되어 있다. 줄리아는 "헤어질 때 자신은 13세, 동생은 6세였으며, 동생의 손과 발에 푸른 반점과 감색 반점이 있는데 귀하도 그런가요?"라고 묻는 내용이었다.

그 후 줄리아는 쇼군 이에야스가 거처하는 슨푸성에서 동생 무라타 운나키와 재회하고 쇼군을 알현하도록 해주었다. 시녀의 남동생을 쇼군이 만나주다니, 이에야스의 줄리아에 대한 총애의 정도가 보통이 아님을 짐작케 하는 대목이다. 그뿐만이 아니다. 쇼군은 운나키에게 통소매의 평상복인 고소데小袖, 칼 등을 하사했다. 고소데에는 도쿠가와 가문의 접시꽃 문양이 다섯 군데나 박혀 있고 소매 길이 등으로 보아 쇼군이 착용했던 것으로 보였다. 사이타마에 거주하고 있는 운나키의 14대 자손인 무라타 오노리오 씨가 2023년 초에 하기萩 박물관에 기증한 것이다.

줄리아의 편지와 이에야스 쇼군의 하사품 고소데를 감정한 학습원 여자대학의 후쿠시마 마사코福島雅子 교수는 무라타 운나키는 무라타가의 초대 당주인 줄리아의 동생으로 보이며, 고소데는 쇼군이 실제 착용했을 가능성이 높다고 했다.

야마구치현 하기 박물관은 2023년 5월 29일~6월 18일 오타 줄리아의 서한과 고소데를 특별 전시하였다. 지금까지 소설, 영화 등의 소재로 다루어졌던 오타 줄리아가 실재 인물로 밝혀졌고, 조선 여인의 강인함이 드러내는 계기가 되었다.

제2대 쇼군
도쿠가와 히데타다 德川秀忠

제2대 쇼군 도쿠가와 히데타다는 이에야스의 3남으로 1579년 4월에 태어났다. 맏형은 히데타다가 태어난 그해 가을에 오다 노부나가의 압력으로 자살하였고, 시녀 소생의 둘째 형 히데야스는 1584년에 도요토미 히데요시의 양자로 보내졌기 때문에, 셋째인 히데타다가 자연스럽게 장남의 자리를 차지하게 되었다. 열두 살 때 히데요시로부터 '히데요시秀吉'의 '히데秀'의 한 글자를 받아 아명 다케치요를 '히데타다秀忠'로 개명하였다.

히데타다는 임진전쟁이 한창이던 1595년 가을, 노부나가의 조카이자, 히데요시의 애첩 요도도노의 동생 오에요와 결혼했다. 기이한 커플이었다. 17세의 신랑은 초혼, 여섯 살 연상의 신부는 세 번째의 결혼이었다. 히데요시가 이에야스를 묶어두기 위해 주선한 정략결혼이었다. 신부 오에요는 오다 노부나가의 여동생 오이치의 딸로 콧대가 센 데다가 질투심이 보통이 아니었다. 그래도 슬하에 2남 5녀의 자녀를 두었다.

히데타다의 아버지 이에야스는 19명의 측실을 두었으나 히데타

제2대 쇼군 도쿠가와 히데타다

德川秀忠, 1579~1632

생몰년(향년) : 1579년 4월 7일 ~ 1632년 1월 24일(53세)

재직연대(기간) : 1605년 4월 16일 ~ 1623년 7월 27일(18년 3개월)

사인 : 위암   추정 신장 : 158cm   측실 수 : 2명   자녀 수 : 9명

다는 엄처시하의 공처가로 2명의 측실이 고작이었다. 결혼한 지 15년이 지나 유모의 시녀 시즈에게 슬쩍 손을 대 아들을 얻었으나 얼굴도 보지도 못하고 측근에게 양자로 넘겨주었다. 히데타다가 자신의 친자식 호시나 마사유키保科正之(1611~1672)를 처음 대면한 것은, 그의 출생 후 무려 18년이 지난 1629년 오에요가 저세상으로 간 다음이었다.

히데타다는 온화하고 성실한 인품이었으나 범용한 위인이라는 평을 면치 못했다. 특히 무장으로서의 능력은 시원찮았다. 1600년 9월 지금의 기후현의 세키가하라 결전은 히데타다가 무장으로서 화려하게 데뷔할 수 있는 좋은 무대였으나 3만 8천 명의 대군을 인솔한 히데타다는 당초 예정보다 4일이나 늦게 도착하였다. 이미 결전이 끝난 다음이었다. 이에야스는 히데타다가 당당히 참전하여 무장들에게 무인으로서 면모를 과시하여 주기를 기대했던 터라 분통이 터질 노릇이었다. 이에야스는 한동안 히데타다를 근처에 얼씬거리지도 못하게 하였다. 한편 히데타다의 바로 아래 동생 다다요시忠吉는 세키가하라 전투에서 맹활약을 하여 무장으로서 두각을 나타냈다.

세키가하라 전투에서 승리하여 패권을 확립한 이에야스는 중신들을 불러 자신의 후계자로 누가 적당한지에 대한 자문을 구했다. 중신들의 의견은 3남 히데타다와 세키가하라 전투에서 용맹을 떨친 4남 다다요시로 양분되었다. 그러나 이에야스가 중신들의 의견을 물은 것은 히데타다를 후계자로 공식화하기 위한 형식적인 절차에 불과했다. 이에야스는 센고쿠 시대가 끝나고 앞으로 전개될 평화 시대에는 무용武勇보다는 문덕文德이 중요하다고 보았던 것이다. 그는 성격이 온화하고 효심이 지극한 히데타다가 자신의 통치 철학을 성실히 계승할 적임자라고 판단하고 히데타다를 후계자로 이미 점찍어 놓았던 것이다.

이에야스는 무용이나 자질 면에서 3남 히데타다보다 4남 다다요시가 후계자로 적합하다는 생각도 없지 않았으나 형제간의 서열을 우선시하는 것이 도쿠가와 정권의 장기화에 기여할 것으로 판단했다. 서열을 무시하고 능력주의를 채택하면 후계 문제를 둘러싸고 형제간에 분란이 일어날 것이고 끝내는 도쿠가와 막부의 붕괴를 초래할 것으로 예견했다. 한편 후계자로 거론되던 4남 다다요시는 전투에서 입은 상처로 저세상으로 떠나고 말았다.

2대는 아무래도 창업자를 뛰어넘고 싶은 욕심에 새롭게 일을 벌이려는 경향이 있는데, 히데타다는 그러한 유혹에 빠지지 않고 이에야스를 우러러 받들고, 성실하게 부친의 정치를 답습해 막번체제의 강화와 안정을 도모했다. 대조선 정책도 선대의 우호 정책을 계승하였다. 1609년 5월 선위사 이지완과 쓰시마 사절 겐소景轍玄蘇 대표와 기유약조己酉約條가 체결되었다. 개항장은 부산포 한곳으로 제한하고 서울의 동평관東平館(일본 사절이 머물렀던 곳)이 폐쇄되었다. 사절의 왕래에 따른 정탐 행위를 막아 재침을 예방하려는 대책에서 나온 것이었다. 기유약조는 1872년까지 조일 관계의 기본적인 조약으로서 기능했다.

히데타다의 이미지는 온후하고 범용한 위인으로 정착되어 있다. 실제로 이에야스의 생존 중에는 그러한 인물의 범주를 벗어나지 못하였으나 이에야스의 사후에는 전혀 다른 모습을 보여 주었다. 히데타다는 1616년 부친 이에야스가 세상을 떠난 지 불과 3개월 후, 폭군처럼 처신한 동생 다다테루忠輝의 74만 석의 영지를 몰수하고 신분을 평민으로 강등하는 가이에키를 단행했다. 다다테루는 이에야스의 6남으로 히데타다보다 세 살 어린 배다른 동생이었다. 막번체제 확립에 방해가 되는 세력은 도쿠가와 일족이라도 과감하게 제거한다는 것을 보여준 예이다.

초대 쇼군 이에야스가 41개 다이묘 가문을 가이에키 조치를 취한데 대해, 2대 쇼군 히데타다는 유력 다이묘 23명, 도쿠가와 일문인 후다이 다이묘 16명 등에 대해 가이에키 처분을 했다. 히데타다가 가이에키를 통한 강경책만을 실시한 것은 아니다. 막부를 강화하는데 적임자라고 생각되는 도쿠가와 일문이나 후다이 가신 30여 명을 새로운 다이묘로 발탁하였다. 이와 같은 대대적인 다이묘 재배치로 막번체제의 기초를 다져 히데타다는 점잖고 평범한 쇼군이라는 이미지를 불식하고 과단성 있는 지도자라는 평가를 받게 되었다.

히데타다 쇼군은 조정에 대한 대책으로 1620년 여름 자신의 딸 마사코和子를 108대 고미즈노오後水尾 천황의 후궁으로 입궐시키는데 성공했다. 마사코가 태어난 그 이듬해인 1608년 무렵부터 이에야스가 국화菊(황실)와 접시꽃葵(막부)의 융화를 위해 추진한 것이다. 무가의 딸을 중궁으로 입궁시킨 예는 다이라노 기요모리의 딸 도쿠코 입궁 이래 450년 만의 일이다. 천황과 마사코 사이에는 2남 3녀가 태어났으니 정략결혼이었지만 금실은 좋았던 모양이다. 마사코는 1623년 딸 오키코를 낳아 후궁에서 중궁으로 승격되었다. 오키코가 1629년 여섯 살의 어린 나이에 109대 메이쇼 천황(재위 1629~1643)으로 즉위하였고, 히데타다는 천황의 외척이 되어 그 입지가 더욱 강화되었다.

히데타다의 치세기인 1613년 센다이번의 다테 마사무네伊達政宗 (1567~1636) 번주가 통상교섭을 위해 에스파냐 선교사 루이스 소텔로 Luis Sotelo를 안내역으로 하여 하세쿠라 쓰네나가支倉常長(1571~1622) 등 180여 명으로 구성된 사절단을 에스파냐와 로마 교황청에 파견했다. 하세쿠라는 교황 바오로 5세, 에스파냐 국왕 펠리페 3세를 알현하였다. 그러나 통상교섭에는 아무런 성과를 거두지 못하고 1620년에 귀국했다. 당시 일본에는 그리스도교 금지령이 실시되어 신자들을 처형하는 상황이라 하세쿠라는 실의에 차 귀국 2년 후에 타계하고 말았다. 하지만 하세쿠라 사절단이 1613년 일본을 출발해 7년간 4만여 킬로미터를 여행하고 귀국할 수 있을 정도였던 일본의 조선, 항해술은 평가할만하다.

히데타다는 선대의 금교 정책을 답습하여 1613년 크리스트교 금지령을 내리고, 교토의 회당을 파괴하고 신자를 체포하였다. 또한 1619년 8월 교토에서 신자 52명을 체포하여 화형에 처했다. 이를 '교토 대순교'라고 한다. 이는 선교사뿐만 아니라 신자들도 처벌될 수 있음을 경고하는 조치였다. 이뿐만이 아니다. 1622년 8월 선교사 22명, 신자 33명, 총 55명을 나가사키의 니시자카에서 처형했다. 당시의 연호 겐나를 따서 이 탄압을 '겐나 대순교'라고 한다. 이 겐나 대순교 때 조선인 안토니오가 화형당했고, 그의 아내 마리아와 세 살짜리 꼬마 베드로도 참수되었다. 이와 같은 종교 탄압은 3대 쇼군 이에미쓰 취임으로 더욱 강화되었다.

히데타다는 '겐나 대순교' 다음 해, 1623년 44세의 나이에 부친의 흉내를 내어 이에미쓰에게 쇼군직을 넘겨주고 오고쇼가 되어 에도성 내의 니시마루에 기거하면서 쇼군의 후견역을 자임했다. 히데타다의 정치는 새로운 정책이 아니라 이에야스의 유언정치라고도 말해지고 있으나, 위대한 창업자의 2대는 참으로 어려운 자리라고 하겠다. 히데타다는 심한 복통과 변비 등으로 1년 정도 고생하다 1632년 1월 53세로 타계했다. 위대한 부친의 존재로 스트레스를 받아 위암으로 사망한 것이 아닌가 하는 추측이 설득력을 얻고 있다.

칼럼

쇼군 히데타다, 통신사 환대

우여곡절 끝에 임진전쟁이 끝난 지 불과 10년이 경과한 1607년 5월에 정사 여우길呂祐吉, 부사 경섬慶暹, 종사관 정호관丁好寬 사절 일행이 전후 최초의 공식 사절로 일본을 방문했다. 쇼군 도쿠가와 히데타다는 "사절을 맞이하게 되어 감격스럽고 기쁘기 그지없다"면서 연회 석상에서는 손수 젓가락을 들어 요리를 권하기도 했다. 부사 경섬은 일본 견문록『해사록海槎錄』에서 쇼군 히데타다의 인상에 대해 '용모가 예리하고 담력이 있어 보인다'고 호평을 하고 있다. 일본에서는 범용하다는 평가인 데 비해 지극히 '외교적'이다.

오윤겸吳允謙을 정사로 한 제2회 통신사가 방일한 때는 이에야스의 타계 익년인 1617년이었다. 종사관 이경직李景稷의『부상록扶桑錄』에 의하면, 사절이 교토를 떠나기 직전 도쿠가와 히데타다를 비롯한 쇼군의 동생, 고관 등으로부터 다량의 은화를 예물로 받았다. 히데타다는 정사, 부사, 종사관의 3사에게 각각 은화 500매, 역관 2명에게 은화 200매, 수행원 31명에게 은화 500매, 기타 400명에게 동전 1천 관을 지급했다. 쇼군의 동생 두 명은 3사에게 백금 200매, 5명의 고관은 3사에게 은화 200매, 제술관에게 은화 50매를 답례로 보내왔다.

3사가 일본 측으로부터 받은 은화 1,900매의 금액은, 오노 다케오小野武雄의『에도 물가 사전』에 의하면 1,500만 엔을 상회하는 거금으로 추산된다. 이와 같은 거액의 은화에 대해 3사는 당혹감을 감출 수 없었다. 전후의 피폐한 경제 사정과 명나라 사신 접대 등을 감안하면 예물로서 보내온 은화는 절실히 필요한 것이었다. 조선에 온 명나라 칙사들은 노골적으로 조선 측에 은화를 요구하고 나섰다. 일례를 들면 1609년에는 6만 냥, 1621년엔 8만 냥의 은화를 명나라 사신에게 건네줘야 했다.

그러나 품위와 체면을 중시하는 조선의 사절로서는, 교화의 대상으로 보고 있는 일본으로부터 거액의 은화를 받을 대의명분이 없었다. 은화를 예물로 받아 귀국하면 조정의 탄핵을 면키 어려웠을 것이다. 결국 3사는 고민 끝에 은화를 쓰시마 도주에게 그간의 수고비로 주었다. 쓰시마로서도 다른 사람도 아닌 쇼군의 예물을 받아 챙기는 것이 꺼림칙하여 은화 6천 냥을 부산 왜관에까지 가지고와 받아줄 것을 간청하였다. 조정에서는 이 돈을 받아서는 안 된다는 의견도 있었으나 광해군이 명나라 칙사 접대와 소실된 궁궐 재건에 충당하도록 지시함으로써 의외로 간단하게 일단락되었다. 광해군의 탁견은 동생인 영창대군을 죽이고 계모인 인목대비를 학대한 패륜으로 묻혀버렸다.

칼럼

쾌락의 도성, 요시와라

일본에서 유곽은 임진전쟁 발발 3년 전인 1589년 도요토미 히데요시가 교토의 야나기초柳町에 처음 만들었다. 이 유곽은 후에 버드나무와 꽃이 어우러져 있는 교토 남서부의 시마바라島原로 이전하였다. 흔히 홍등가를 화류계라고 한 것은 바로 버드나무와 꽃의 거리 시마바라에 유녀들이 거주하게 된 데서 비롯되었다 한다.

일본 성 문화의 상징으로서 세계에 널리 알려진 것은 유녀들의 현란한 모습을 그린 우키요에浮世繪와 유녀들의 집단 거주지 요시와라吉原이다. 에도를 방문한 파란 눈의 사내들은 요시와라에서 즐기고 난 다음에 '섹스가 예술적인 분위기 속에서 예술적으로 이루어지는 곳'이라고 경탄해 마지않았다.

요시와라는 공처가 제2대 쇼군 도쿠가와 히데타다의 치세기인 1617년에 지금의 미쓰코시三越 백화점 본점 부근인 에도 한복판에 건설되었다. 당시 이곳은 갈대만 무성하던 습지대였다. 약 1만 5천 평의 습지대를 메워 에도 250년간 태평성대를 구가한 밤의 천국을 만들었다. 오사카의 신초新町, 에도의 요시와라, 교토의 시마바라는 일본의 3대 유곽지로서 일찍부터 이름을 떨쳤다.

요시와라라는 유곽이 막부에 의해 건립된 데에는 나름대로의 사연이 있다. 도쿠가와 이에야스는 1590년 에도에 입성하여 도성과 시가지 건설에 온 힘을 쏟았다. 전국 각지에서 목공과 석공 등 온갖 일꾼들이 에도로 몰려들었다. 남자들만의 사회가 출현하게 되자 이에 질세라 전국 각처에서 내로라하는 논다니들이 몰려왔다. 당시 에도에는 여자가 전체 인구의 40%도 채 못 되었다. 당연히 남녀 성비에 심한 불균형 현상이 나타나게 마련이다. 이 갭을 메워 주는 노릇이 창부의 몫이었다.

이뿐만이 아니다. 에도 막부는 산킨코타이參勤交代라는 제도를 도입하여 다이묘들을 일정 기간 에도에 거주케 하였다. 이들은 단신 부임하여 많은 무사들과 가신들을 데리고 일정 기간 타향살이를 강요받았으니 불편한 게 한둘이 아니었겠지만 무엇보다도 객지의 고독감이 가장 견디기 힘들었다. 전쟁이 없는 태평시대에 인질로 와 있는 그들의 유일한 배출구는 여자와 술뿐이었다. 이들은 날이 지고 밤이 새는 줄도 모르고 퍼마시며 유녀들의 치마폭에 빠져들었다.

요시와라에서는 돈 많은 사람이 왕이었다. 지갑은 가벼운 주제에 콧대만 센 사무라이들은 제대로 대접도 못 받았다. 오로지 돈만이 모든 것을 말하고 모든 것을 결정하는 무계급의 천국이었다. 신흥 상인 계급들은 기고만장했다. 돈만 있으면 손쉽게 꺾을 수 있는 꽃의 향연에 탐닉했다. 관능적이고 고혹적인 유녀의 하룻밤 화대가 13몬메, 지금 돈으로 하면 120만 원이나 된다. 유녀들을 30명씩 관리하는 포주들은 신흥 자본가로 부상하였고 이들을 조자長者라고 하는데 이는 백만장자나 부호를 의미한다.

요시와라의 유녀 수는 약 3천 명이나 되었다. 하루 저녁에 3천 명의 남자들을 매료시키는 유곽은 단순히 육체의 향연장일 뿐 아니라 서민 문화의 보존과 계승을 담당한 일본 전통문화의 저수지였다. 유녀는 단순히 몸만을 파는 존재가 아니었다. 여러 재능을 몸에 익히지 않으면 안 되었고, 평소에 지식을 쌓아서 손님과 격조 높은 대화를 할 수 있어야 했다.

요시와라는 시내 중심지에 위치해 있어 이를 어느 정도 격리된 곳으로 옮겨야 한다는 의견도 많았던 차에 큰 화재가 발생하여 제4대 도쿠가와 이에쓰나 때인 1657년 지금의 아사쿠사淺草로 이전하였다. 시내 중심지에서 옮긴 유흥가를 신요시와라라고 했다. 신장개업한 아사쿠사 요시와라는 거리가 멀어 교통이 불편하고 화대가 만만치 않아 손님이 줄어들었다.

일본인과 쇼군

1868년 메이지 유신 이후 화류계의 눈부신 발전으로 고전적인 매춘 센터였던 요시와라는 품위와 명성을 잃어가고 단순한 육체의 시장으로 전락하였다. 1958년 4월 1일을 기해 매춘방지법이 전국적으로 실시되자 일본 성 풍속은 새로운 시대로 접어들었다. 1966년 요시와라라는 지명도 사라져 도쿄의 다이토구台東區로 편입되었다.

제3대 쇼군
도쿠가와 이에미쓰德川家光

도쿠가와 이에야스가 1603년 2월 초대 쇼군에 오른 이듬해 7월에 마침내 손자가 태어났다. 이에야스 예순한 살 때였다. 도쿠가와가의 장기 집권을 꾀하고 있던 이에야스는 손자의 탄생에 환호작약하고 이름을 자신의 아명 다케치요竹千代로 하도록 했다. 2대 쇼군은 이미 내정되어 있고, 3대 쇼군에 오를 후계자가 탄생하자 이에야스는 1605년 쇼군직을 아들 히데타다에게 넘겨주고 자신은 은거에 들어가 오고쇼로 불리게 되었다. 하지만 이에야스는 은거 후에도 타계할 때까지 10년 이상 실권을 행사하였다.

문제는 다케치요가 타고난 약질에 총기가 모자라 보였다. 1605년 5월, 다케치요의 남동생 구니마쓰國松가 태어났다. 구니마쓰가 형과는 달리 건강하고 재기가 넘쳐 내주장이 강한 어머니 오에요의 사랑을 독차지하자 주위에서 동생 구니마쓰가 후계자가 되는 것이 아닌가 하고 쑥덕거렸다. 부모에게 소외당한 다케치요는 한때 자살을 시도하기도 했다. 봉건 시대에 형보다 똑똑한 아우는 분란의 원인이 되기 십상이다.

다케치요의 양육을 맡고 있는 유모 가스가노 쓰보네春日局(1579~1643)는 에도성 내의 미묘한 분위기의 변화에 불안감을 느끼고 이에야스에게 직소하기로 작심했다. 낳은 정보다는 기른 정이 큰 법이다. 1615년 여름, 쓰보네는 이세(伊勢) 신사에 참배하러 간다는 구실로 에도성을 빠져나와 이에야스의 은거지 슨푸(시즈오카현)로 갔다. 쓰보네는 이에야스에게 자초지종을 아뢰고, 당돌하게도 장유유서에 따라 다케치요가 3대 쇼군의 후계자임을 분명히 해달라고 읍소했다. 쓰보네는 다케치요는 친탁이고, 동생 구니마쓰는 외탁이라 노부나가의 조카인 어머니 오에요가 구니마쓰를 편애한다고 덧붙였다.

이에야스는 1615년 10월, 매사냥을 핑계로 에도로 와서 쇼군 히데타다 부부에게 오랜만에 손자들을 보고 싶다고 했다. 다케치요와 구니마쓰 형제가 들어오자 이에야스는 다케치요를 향해 "다케치요 님은 이쪽으로" 하면서 상석에 앉혔다. 그러자 구니마쓰도 덩달아 형을 따라 상석에 앉으려고 하자 "구니마쓰는 저쪽이야" 하면서 아래쪽에 앉혔다. 또한 과자가 나오자 이에야스는 "다케치요 님에게 먼저 드려라" 하고 "구니마쓰도 먹어라" 하는 등 두 형제를 대하는 말이나 태도를 분명히 다르게 했다. 그리고 히데타다 부부에게 "다케치요는 훌륭한 쇼군이 될 것이다"라고 못을 박았다. 장자 상속 원칙이 확정된 것은 이때이며, 일본사를 바꾼 순간이다. 이 원칙이야

제3대 도쿠가와 이에미쓰

德川家光, 1604~1651

생몰년(향년) : 1604년 7월 17일 ~ 1651년 4월 20일(47세)

재직연대(기간) : 1623년 7월 27일 ~ 1651년 4월 20일(27년 9개월)

사인 : 뇌졸중 추정 신장 : 157cm 측실 수 : 9명 자녀 수 : 7명

말로 에도 막부가 265년간 존속될 수 있게 한 요인이다.

한편 이에야스는 다케치요를 3대 쇼군 후계자로 자신이 낙점했으나 능력 면에서 일말의 불안감을 떨칠 수 없었다. 이에야스는 다케치요에게 제왕학을 가르칠 보좌역으로 아오야마 다다토시靑山忠俊 등 3명을 지정했다. 이들은 쇼군으로서 갖추어야 할 지인용智仁勇의 교육을 분담했는데 다다토시는 매우 엄격한 편이었다. 몇 번 간언해도 다케치요가 듣지 않자 다다토시는 허리에 차고 있던 칼을 풀어 바닥에 내려놓고, 웃통을 벗고 엎드려 "소인의 간언을 듣지 않으시려면 이 칼로 제 목을 친 다음에 좋으실 대로 하십시오"라고 했다. 다케치요는 말을 듣기는커녕 무엄하다고 생각했던지 훗날 쇼군에 올라 다다토시의 4만 5천 석의 영지를 2만 석으로 감봉하는 비정함을 보였다.

1620년 9월 다케치요와 구니마쓰 형제는 성인식을 올리고 다케치요는 이에미쓰家光, 구니마쓰는 다다나가忠長로 불렸다. 1623년 2대 쇼군 히데타다는 선대의 이에야스로 흉내를 내어 쇼군직을 스무 살의 이에미쓰에게 넘겨주고 전임 쇼군을 지칭하는 오고쇼로 물러났다. 그러나 그는 타계할 때까지 10년 가까이 전직 쇼군으로서 영향력을 행사했음은 물론이다.

제3대 쇼군에 오른 이에미쓰는 다이묘들에게 자신은 "태어나면서부터 쇼군"이라고 큰 소리를 치고 무단정치를 행했다. 1629년 다이토쿠지大德寺, 묘신지妙心寺 등의 고승에게 자주색 가사 착용을 허용한 칙허를 무효화하여 천황을 격노케 했다. 이는 조정에 대한 막

　　　　　　　　　　　　　일본인과 쇼군

부의 우월을 분명히 하려는 조치였다. 이에 대해 고미즈노오 천황이 불만의 표시로 퇴위해 버리자 이에미쓰 쇼군의 조카가 제109대 메이쇼明正 천황(1629~1643)으로 즉위하여 도쿠가와 가문을 빛나게 하였다.

다케치요는 1623년 이에미쓰라는 이름으로 제3대 쇼군에 오른 다음 감사의 뜻으로 가스가노 쓰보네를 종2위의 고위직인 오오쿠 책임자로 임명하고 종종 정치 문제에 관해서도 조언을 구했다. 이처럼 유모가 권력을 쥔 전례가 없었다. 그래서인지 이에미쓰는 이에야스와 가스가노 쓰보네 사이에서 태어났다는 괴이쩍은 소문이 나돌기도 했다. 이를 사실인 양 기술하고 있는 「마쓰노사카에松のさかえ」라는 고문서가 오늘날에도 전해오고 있다.

1623년 7월 이에미쓰는 쇼군직에 오르던 해에 두 살 연상의 다카고와 결혼했으나 부인이 기거하는 오오쿠에는 발걸음이 뜸했고 미소년들을 상대로 남색에 빠져 있었다. 부친 히데타다 쇼군의 생존 중에 아직 손자가 태어나지 않았다. 이대로 가면 후계자의 탄생을 기대할 수 없었다. 가스가노 쓰보네는 이에미쓰가 좋아할 타입의 미녀를 물색하느라고 이리저리 헤집고 돌아다녔다.

30대 중반 때 인사차 방문한 여승에게 성적 매력을 느낀 것을 계기로 이에미쓰는 마침내 여자에 눈을 떴다. 여승을 환속시켜 결혼했으나 둘 사이에 소생이 없었다. 그 후 이에미쓰는 장사치 집안 출신인 시녀를 측실로 삼아 37세의 늦은 나이에 후계자 이에쓰나를 얻을 수 있었다. 죽음을 10년 앞둔 때였다. 이에쓰나의 탄생은 도쿠가와 정권의 장기화를 보증하는 정치적 사건이었고, 유모 가스가노쓰보네야말로 도쿠가와 막부의 은인이라고 하겠다. 여색에 색맹이던 이에미쓰를 개안시켜 후계자를 얻게 해주었으니 말이다.

1632년 1월 부친 히데타다의 서거로 명실상부한 쇼군의 권력을 장악한 이에미쓰 쇼군은 어머니가 몹시 편애하던 동생, 왕년의 구니마쓰 즉 다다나가의 영지를 몰수하고 유폐시켜 자살토록 했다. 27세의 동생을 자살시킨 이에미쓰도 비난을 면치 못할 터이지만, 조부 이에야스가 만년을 보낸 슨푸성의 성주이사 55만 석의 다이묘로서 후대를 받고 있었음에도 만족할 줄 모르고 방자하게 굴었던 동생 다다나가의 처신도 문제였다.

친동생을 가차 없이 처벌한 이에미쓰였으나 기이하게도 배다른 동생은 살갑게 대했다. 공처가인 아버지 히데타다가 얼굴도 보지 않고 생모와 함께 에도성에서 내보냈던 그 갓난아이는 2만 5천 석의 다이묘 호시나 마사미쓰保科正光 집안 양자로 보내졌다. 쇼군 히데타다의 내락이 있었음은 물론이다. 히데타다 쇼군은 양육비로 5천 석을 호시나 마사미쓰에게 하사하여 3만 석의 다이묘로 격상시켜 주었다. 그 아이는 호시나 마사유키로 건강하게 자랐다. 쇼군 이에미쓰는 어머니가 타계한 후 7세 연하의 이복동생을 처음 만났다. 쇼군의 동생이 겨우 3만 석의 다이묘라는 현실에 대해 전혀 불평불만을 늘어놓지 않고 막부에 충성스러운 태도를 보인 것을 가상히 여겨 20만 석의 다이묘로 격상시켜 주었다.

부친 히데타다 사후 이에미쓰 쇼군의 행보는 거침없었다. 이에미쓰는 30여 명의 다이묘에 대해 영지를 몰수하는 가이에키 처분을 하는 한편 1633년부터 5회나 쇄국령을 내려 크리스트교를 금지하고 정보와 무역을 관리하는 쇄국체제를 구축했다. 또한 1635년에는 무가제법도를 개정하여 산킨코타이를 제도로서 확립시켰다. 산킨코타이는 막부의 다이묘 통제책의 하나로 전국의 200여 명의 다이묘들에게 격년제로 자신의 영지를 떠나 에도 거주를 의무화한 제도이다. 다이묘들은 정실과 적자를 일종의 인질로 에도에 상주시키고 자신은 영지와 에도를 왕복해야 했다.

산킨코타이는 쇼군과 다이묘 간의 주종 관계를 확인·강화하는 한편 다이묘들에게 막대한 재정적 부담을 가중시켜 딴 마음을 품지 못하도록 했다. 120만 석의 다이묘였던 마에다가의 산킨코타이 수행원의 왕복 숙식료 등이 현재의 금액으로 4억 엔을 상회했다는 기록이 있다. 산킨코타이는 당초 예상치 못했던 경제적 효과를 파급시켰다. 즉 전국의 육상 교통망의 정비에 의한 물류의 전국적인 유통과 숙박업소의 호황 등으로 화폐 경제의 발달을 촉진하고 경제를 활성화시켰다.

이쯤해서 막부의 수뇌부인 다이로, 로주, 와카도시요리에 대해 간단히 살펴보자. 다이로大老는 비상설직으로 쇼군을 보좌하는 막부 최고직이었다. 도쿠가와 가문과 인연이 깊은 10만 석 이상의 후다이 다이묘가 선임되었으며, 265년간의 에도 막부 시대를 통틀어 12명밖에 없었다. 로주老中는 3만 석 이상의 후다이 다이묘 중 4~5명이 선임되어 1개월 교대로 근무하며 합의제로 중요 안건을 처리했다.

로주는 막부와 조정 관계 및 정무를 총괄하며, 다이묘들에 대한 쇼군의 지시를 하달했다. 와카도시요리는 로주 다음가는 직위로 로주가 도시요리年寄로 불렸기 때문에 와카도시요리若年寄 즉 '젊은 늙은 이'로 칭하게 되었으며 2~6명을 임명했다. 로주는 주로 다이묘를 상대하였고 와카도시요리는 쇼군 직속 무사인 하타모토를 통솔하고 재정 등을 담당했다. 다이로, 로주, 와카도시요리의 3대 요직은 도쿠가와 일족이 독점한 세습직이었다.

본론으로, 이에미쓰는 이에야스의 손자라는 사실에 자부심이 대단했다. 그는 진정으로 조부 이에야스를 존경하고 숭배했다. 역대 쇼군들이 이에야스의 혼령을 모시는 신사, 닛코의 도쇼구를 참배한 횟수는 모두 19회인데 이 중 10회가 이에미쓰 쇼군의 행차였다. 일본을 방문한 조선통신사도 이에미쓰의 강권으로 세 번이나 어려운 발걸음을 해야 했다. 이에미쓰는 도쇼구 참배뿐만이 아니라 중신들의 저택도 자주 들락거렸는데 28년간의 재임기간 중 약 300회에 달했다고 한다.

이에미쓰는 선대의 생존 중에는 조부에 대한 숭경의 마음을 노골적으로 드러내지 않았으나 부친의 사후에는 조부의 신격화에 적극적으로 나섰다. 그는 1634년부터 15개월에 걸쳐 이에야스의 혼령을 모신 닛코 도쇼구日光東照宮의 대규모 토목 공사를 하여 웅장하고 화려한 신사의 모습을 오늘에 전해주고 있다. 1999년 유네스코 세계문화유산으로 등재되었다. 토목 공사에 전국의 다이묘들이 기부금을 내겠다고 자청하고 나섰지만 이에미쓰는 이를 모두 사양하고 선대가 모아 둔 비축금으로 충당하였다. 1616년 4월 이에야스가 타계할 때 남긴 유산은 금 470상자, 은 4,953상자로 현재의 금액으로 2천억 엔 정도였다고 하는데 이에미쓰가 모두 탕진해 버렸다.

이에미쓰는 조부 이에야스의 결단으로 3대 쇼군에 오를 수 있었다. 그러나 능력 있고 충성스러운 중신들의 도움으로 '명군'으로 변모하여 막부의 통치 기구 및 봉건 관료제의 골격을 정비하여 막부를 반석 위에 올려놓았다는 평가를 받게 되었다. 흔히 기업의 존망은 3대의 수완에 달렸다고 하는데 그런 의미에서 도쿠가와가는 좋은 3대를 두었다고 하겠다. 그의 사후 에도 막부가 200년 이상 지속되었으니 말이다.

이에미쓰 치세기의 일본을 조선의 지식인은 어떻게 바라보았을까. 1624년 이에미쓰 쇼군 취임 축하를 위해 방일한 통신사의 부사 강홍중姜弘重은 일본 견문록 『동사록東槎錄』의 「문견총록聞見總錄」에서 "시장에는 물자가 산과 같이 쌓여 있고, 마을에는 곡물이 넘쳐나 조선과 비교할 수가 없을 정도다"라고 하면서 부러움을 감추지 않았다. 또한 왜란 때 연행된 조선인들 중 먹고 살 만큼 된 자들이 귀국을 원치 않는 것을 보고, "왜놈의 풍속에 젖어 조선인의 혼을 상실했다"고 한탄하고 있다.

1651년 4월, 이에미쓰는 임종 직전에 이복동생 호시나 마사유키를 병상으로 불러 어린 후계자 이에쓰나를 부탁했다. 마사유키는 '쇼군께서 베풀어 주신 은혜는 백골난망입니다. 신명을 다 바쳐 이에쓰나를 보좌하겠습니다'라고 했다. 이에 이에미쓰는 안심의 미소를 지으며 마사유키를 향해 고개를 끄덕거렸다. 수일 후 이에미쓰는 47세의 생을 조용히 마감했다.

칼럼

쇄국 시대의 통풍구, 데지마

16세기 중엽까지 반농반어의 한촌에 불과했던 나가사키는 포르투갈인의 도래와 더불어 일본 유일의 해외 무역항으로서 각광을 받게 되었다.

쇄국 정책을 확립한 이에미쓰 쇼군은 1634년 나가사키의 유력 상인 25명에게 공사비를 각출시켜 부채 모양의 데지마出島라는 인공섬을 조성하여 나가사키 시내에 흩어져 지내던 포르투갈 상인을 이곳에서만 거주하도록 하였다. 5천 평 정도의 데지마 주위에 높이 2.7미터의 철책을 둘러치고, 접근 금지의 기둥을 12개나 박아 놓았다. 게다가 상관원의 외출과 외부인의 접근을 엄격히 통제하여 데지마는 '국립 감옥'이라는 달갑잖은 별명을 얻게 되었다.

일본은 1543년 포르투갈인의 도래 이래 이에미쓰 쇼군이 1639년에 그들의 내항을 금지할 때까지 약 백 년간의 체험을 통해 에스파냐·포르투갈은 선교사를 앞세워 일본을 식민지화할 위험성이 있으나 네덜란드는 종파적으로 무해하며, 그들의 주된 관심은 통상에 있다는 것을 간파했다. 막부는 1637년 농민·기리스탄 봉기, 시마바라

난을 진압한 후 히라도의 네덜란드 상관을 데지마로 이전시켰다. 상관에는 평균 10명 정도가 상주하였다. 막부는 매년 네덜란드 상관으로부터 데지마 임차료 명목으로 은 55관^(약 1억 8천만 엔)을 거두었다.

데지마 상관은 쇄국 시대의 일본과 유럽 간의 교역을 독점하였다. 일본이 수출한 품목은 금, 은, 동, 칠기 등이며, 수입품은 생사, 견직물, 면직물, 설탕, 의약품 등이었다. 에도 시대(1603~1867) 일본에 내항한 네덜란드 선박의 수는 1621년부터 1847년까지 총 700척 이상에 달했다. 이때 네덜란드 선박의 입항 후 상관이 작성하여 막부에 제출한 「네덜란드 풍설서オランダ風説書」, 즉 국제 정세 보고서는 일본의 국제 정세 파악과 대외 정책 수립에 크게 도움이 되었다.

도쿠가와 막부의 지도자들을 아연실색케 한 아편전쟁의 소식을 물어다 준 것도 예의 풍설서였다. 아편전쟁(1840~1842)은 중국이 서양과 격돌한 최초의 본격적인 전쟁으로 영국의 일방적인 승리로 끝나 1842년 난징조약南京條約이 조인되었다. 난징조약은 홍콩 할양, 광저우, 상하이 등 5개 항구의 개방, 약 6억 달러의 배상금 지불 등을 포함한 불평등 조약으로 중국의 반식민화로 이어졌다.

청나라 조정은 자국이 전쟁에 패하여 굴욕적인 조약을 맺게 되었음에도 불구하고, 아편전쟁을 국제적인 사건이 아닌 국내 소요사건으로 간주하여 흠차대신을 파견하여 사태를 처리하려고 했다. 조선은 중국 측의 설명을 듣고 아편전쟁을 서양 오랑캐가 대국 중국의 지방을 소란케 한 사건 정도로 치부하고 만다.

반면 일본은 아편전쟁이 서구의 동양 진출의 시작이라는 것을 감지하고 중국, 조선과는 다른 반응을 보였다. 에도 막부는 데지마 상관에 아편전쟁에 대한 상세한 정보 제출을 요구하였다. 이에 따라 상관은 1840년 6월 아편전쟁에 관한 보고서「별단 풍설서別段風說書」를 제출한다. 에도 막부는 보고서를 통해 영국군의 뛰어난 무기와 압도적인 군사력에 청나라 군대가 맥없이 패배한 실상을 알고 커다란 충격에 빠지게 된다.

에도 막부는 영국 등 서구 세력과의 분쟁이 일어날 것을 우려하여 외국에 대한 강경한 입장을 완화하게 된다. 일본에 표착한 외국 배는 무조건 내쫓아 버리라는 이국선 타격령異國船打拂令을 철폐하고, 그들이 필요로 하는 연료나 식음료를 제공하여 퇴각시키라는 지시를 내렸다. 이는 이후 조선에서 행해진 대원군의 강경한 쇄국 정책과 대비되는 조치이다.

일본은 쇄국을 표방하면서도 데지마 상관을 통해 200여 넌에 걸쳐 국제 정세 변화를 탐지하고 천문, 지리, 의학 등의 서양 학문을 배우고 익힘으로써 중화문명을 상대적으로 평가하고 화이사상華夷思想으로부터 탈피하는 길로 나아갈 수 있었다. 한편 조선은 중화사상이라는 문화적 편식에 빠져 나가사키와 같은 서양을 향한 통풍구를 아예 가지려고 하지 않았다. 그 결과는 역사가 말해주고 있다.

2 | 막부 성장기

제4대 쇼군

도쿠가와 이에쓰나 德川家綱

제3대 쇼군 이에미쓰는 집권 28년 동안 30여 명의 다이묘들에
대해 영지와 저택을 몰수하고 신분을 평민으로 격하시키는 가이에
키를 단행했다. 이로 인해 주군을 잃고 밥줄이 끊어진 낭인들이 50
만 명에 달해 이에미쓰 쇼군 말기에는 에도에 불온한 공기가 감돌
았다. 그런 중에 1651년 4월, 이에미쓰가 뇌졸중으로 돌연 타계하고
후임 쇼군이 취임할 때까지 4개월간 쇼군의 자리가 공석이었다. 병
학자兵學者 유이 쇼세쓰由井正雪(1605~1651)가 정치적 공백을 틈타 7월,
불만 낭인들을 결집하여 막부를 전복시키려는 음모를 꾸몄다. 그러
나 사전에 발각되어 주모자는 자살을 하고 일당은 체포되어 사태
는 무난히 수습되었다. 게이안慶安 사건이라고 한다. 이 사건을 최후
로 에도 시대는 전쟁을 잊어버린 천하태평의 세상이 되었다.

막부 전복 음모가 불발로 끝난 직후 8월에 열 살의 소년 도쿠가
와 이에쓰나가 에도성에서 천황의 칙사로부터 윤지를 받아 제4대

쇼군에 즉위했다. 최연소 쇼군의 탄생이다. 이에쓰나의 쇼군 승계로 도쿠가와가의 쇼군 세습제가 정착되고 있음을 전국의 다이묘들에게 분명히 보여준 것이다.

초대 쇼군 이에야스로부터 3대 쇼군 이에미쓰까지는 교토의 후시미성에서 천황의 쇼군 임명 윤지를 받았으나 4대 이에쓰나 쇼군은 병약하고 연소했기 때문에 에도성에서 천황의 칙사를 맞이하여 이를 받은 것이다. 이것이 선례가 되어 4대 쇼군 이후에는 천황이 쇼군을 임명하는 형식은 유지하되 에도성에서 윤지를 받게 되었다. 이는 조정과 막부 간 권력 관계의 미묘한 변화를 시사한 것이다.

2대 쇼군 히데타다, 3대 쇼군 이에미쓰는 선대 쇼군이 건재하는 동안에 쇼군 승계가 이루어졌기 때문에 일종의 견습 기간이 있었으나 4대 쇼군 이에쓰나의 경우에는 바로 쇼군에 올라 다소 불안하기도 했다. 다행히 막부 개설 50년 동안 도쿠가와 쇼군 3대를 거치면서 막번체제가 확립되었고 또한 숙부이자 후견인 호시나 마사유키, 사카이 다다카쓰酒井忠勝 등 유능하고 충성스러운 원로 중신들의 보좌로 막정幕政은 별 탈 없이 굴러갔다.

이에쓰나 쇼군의 취임을 계기로 막부는 게이안 사건의 사후 대책으로서 떠돌이 무사인 낭인들을 탄압하는 대신 낭인의 발생 원인인 다이묘가의 폐절廢絶을 줄이는 방안을 강구했다. 이전에는 영주인 다이묘가 중병에 걸려 위독하게 되었을 때 급히 세운 후계자 즉 양자를 인정하지 않았기 때문에 다이묘 사망과 동시에 그 가문은 폐절되었고 영주의 가신들은 오갈 데 없는 낭인 신세로 전락하였다.

제4대 도쿠가와 이에쓰나

德川家綱, 1641~1680

생몰년(향년) : 1641년 8월 3일 ~ 1680년 5월 8일(39세)

재직연대(기간) : 1651년 8월 18일 ~ 1680년 5월 8일(28년 9개월)

사인 : 미상 추정 신장 : 158cm 측실 수 : 2명 자녀 수 : 0명

낭인의 증가로 치안이 악화되고 이들은 모반을 획책하게 되었다. 그래서 막부는 다이묘가 임종 직전에 입양하는 말기 양자를 인정하여 다이묘의 가문을 존속시키도록 했다.

한편 장기적인 관점에서 보면 말기 양자 인정으로 서남 지역의 도자마 다이묘의 가문이 막부 말까지 존속할 수 있게 되었다. 만약 말기 양자를 인정하지 않았더라면 에도 막부 붕괴에 선봉을 선 사쓰마 등 큰 번의 몇 개는 폐절되었을 터이다. 말기 양자의 인정은 결과적으로 도쿠가와 쇼군가의 명을 단축시킨 면이 있다.

이에쓰나는 번주의 정실과 적자 및 유력 가신을 에도성 내 번의 저택에 거주토록 하는, 일종의 인질제도인 다이묘 증인제도를 폐지하고, 순사殉死도 금지하여 무력에 의한 무단정치를 문치정치로 전환하였다. 문치정치는 유교의 덕치주의를 기본으로 백성들을 교화해서 사회 질서를 보장하는 정치로 막부 멸망 때까지 지속되었다.

문치정치의 일환으로 주군의 사후에 가신들이 주군을 따라 자살하는 순사 금지를 이에쓰나 쇼군에게 건의한 중신은 다름 아닌 아이즈會津 번주 호시나 마사유키다. 마사유키는 전술한 대로 공처가 2대 쇼군 히데타다의 4남으로 태어나 가신의 집안에서 성장하여 열아홉 살 때 처음으로 아버지를 대면했다. 기구한 팔자의 주인공이 조카인 이에쓰나의 쇼군의 후견인으로 막부에서 중추적인 역할을 하게 되었으니 굽은 나무가 선산 지킨다는 속담 그대로이다.

마사유키는 가훈 제1조에 '쇼군에게 충성을 다하라'고 명시하고, '만일 쇼군에게 두 마음을 품은 자는 나의 자손이 아니다'라고 단단히 못을 박았다. 그의 9대손 아이즈 번주 마쓰다이라 가타모리^松平容保(1835~1893)는 이 가훈을 철저히 지켜 막부 말 보신전쟁^{戊辰戰爭}에서 도쿠가와가의 최후의 성채로 반막부 세력과 사투를 벌였으나 역부족으로 항복하고, 만년에는 도쿠가와 이에야스의 영^靈을 제사 지내는 닛코 도쇼구의 구지^{宮司}로 봉직했다.

이에쓰나가 쇼군에 취임한 지 6년째가 되는 메이레키^{明暦} 3년 즉 1657년 1월 에도 시대에 가장 피해가 컸던 메이레키 대화재가 발생 하였다. 이 화재로 에도성의 혼마루^{本丸}를 비롯하여 시가지 60% 이 상이 소실되었고 사망자가 무려 10만여 명에 달했다고 한다. 막부는 불탄 시가지와 에도성의 복구에 나섰지만 에도성을 복구하기에도 힘든 형편이었다. 결국 에도성의 상징인 덴슈카쿠(5층 6계, 높이 50여 미 터)의 복구를 호시나 마사유키의 제안으로 포기하고 그 자금을 시가 지 복구에 돌려야 했다. 군사 정권으로서 체면을 내팽개친 것이다.

이에쓰나는 병약하여 쇼군 취임 직후부터 중신들의 보좌를 계속 받은 것이 버릇으로 굳어져 성인이 되어서도 매사를 중신들에게 의 존했다. 정치에 대한 관심도 의욕도 없었다. 무술, 승마 등 무예에도 흥미가 없고 가면극인 노가쿠^{能樂}, 그림 등의 취미 활동으로 30년 간의 재임기간을 보냈다. 특히 그림에 빠져 당대의 일류 화가를 초 청하여 자신의 면전에서 그림을 그리도록 하는가 하면, 자신이 직접 그린 그림을 원로들에게 하사하기도 했다. 이에쓰나가 그린 〈매화와 닭^{梅鷄圖}〉이라는 작품이 현재 도쿠가와 기념 재단에 소장되어 있다.

막부의 정무를 총괄하는 로주가 어떤 사안에 대해 보고를 하면

'그렇게 하시오'라는 판에 박힌 반응만 보여서 '그렇게 하시오 쇼군'이라는 별명이 붙었다. 이에쓰나는 그저 허울뿐인 쇼군이기는 했지만 무척 세심하고 자상한 성격이었다. 하루는 국에 머리카락 한 올이 빠져 있는 것을 발견하고 아무렇지도 않게 젓가락으로 머리카락을 집어 상 위에 올려놓는 것이 아닌가. 시녀가 그 모습을 보고 황망히 새것으로 바꾸려고 하자, 쇼군이 저지하며 이렇게 말했다고 한다. "이 일이 알려지면 요리사가 혼이 날 것이 아닌가. 이런 일을 고의로 저지를 사람은 없으니 요리사를 나무라지 마라. 이 국은 몰래 갖다 버리고 내가 먹은 것으로 하여라." 참으로 사려 깊은 쇼군이 아닌가!

막부의 안정기에 들어선 이 시기에는 어설프게 아는 체하는 쇼군보다는 이에쓰나처럼 만사를 중신들에게 일임하는 쇼군이 바람직할지 모르겠다. 이에쓰나 쇼군 치세기에 3~4명의 로주가 주도하는 집단정치체제와 로주와 와카도시요리 간의 업무 분장이 제도화되었다. 그러나 후반기에는 원로들이 고령으로 사직하거나 사망하고 또한 18년간 후견인으로서 쇼군을 보좌해오던 호시나 마사유키가 보좌직을 사임하자 사카이 다다키요^{酒井忠清(1624~1681)}가 로주에서 다이로^(비상근 최고직)로 승진하여 독재적 권력을 휘둘렀다. 항간에서는 그를 게바^{下馬} 쇼군으로 불렀다. 사카이의 저택이 에도성의 오테문^{大手門}의 게바후다^{下馬札} 부근에 있었기 때문이다. 이에쓰나는 '게바 쇼군'의 그늘에 가려 '그림자 쇼군'으로 전락했다.

이에쓰나는 17세 때 황족 아사노미야 아키코^{淺宮顯子}를 정실로 맞이했으나 후계자를 얻지 못했다. 측실 2명이 회임했으나 사산하거나 유산하여 후계자 문제가 미결로 남았다. 1680년 5월 이에쓰나 쇼군이 중병이 들어 회복이 어려울 것으로 보이자 중신들 간에 후계자 문제가 본격적으로 거론되었다. 당대의 세도가 사카이 다다키요는 가마쿠라 막부의 선례에 따라 황족을 영입하자고 주장했다. 가마쿠라 막부는 3대 쇼군 미나모토노 사네토모의 후손이 끊기자 쇼군의 외척이자 실력자인 호조씨가 철부지 황족을 쇼군으로 영입하여 대대로 독재적 권력을 전횡했다. 사카이 다다키요도 호조씨처럼 실권은 자신이 행사하려는 흑심이 있었다. 중신들의 대부분은 다다키요의 위세에 질려 그의 주장에 마지못해 동조할 수밖에 없었다.

그러나 신참 로주 홋타 마사토시堀田正俊(1634~1684)가 사카이의 주장을 정면으로 반대하고 나섰다. 도쿠가와가의 혈통을 이어받은 3대 쇼군 이에미쓰 쇼군의 4남이자 4대 쇼군 이에쓰나의 동생인 쓰나요시를 후계자로 해야 한다고 강력히 주장하였다.

갑론을박 끝에 이에쓰나 쇼군이 홋타 마사토시의 의견을 수용하여 임종 직전에 막냇동생인 쓰나요시를 양자로 입양하여 후계자로 삼았다. 그리고 불혹의 나이에 저세상으로 떠나고 말았다. 이에쓰나 쇼군의 공적은 어설프게 일을 벌이지 않고 창업기 3대에 걸친 업적을 이어가는 수성 역할에 충실한 것이라고 하겠다.

제5대 쇼군
도쿠가와 쓰나요시德川綱吉

도쿠가와 쓰나요시는 3대 쇼군 이에미쓰의 넷째 아들로 태어났다. 다섯 살 때 아버지가 타계하여 생모의 알뜰한 보살핌을 받으면서 성장했다. "쓰나요시는 총명한 아이니 공부를 잘 시켜라"라는 시아버지 이에미쓰 쇼군의 당부에 생모는 쓰나요시가 어렸을 때부터 훌륭한 유학자 가르침을 받게 했다. 쓰나요시는 맏형인 4대 쇼군 이에쓰나의 임종 이틀 전에 부랴부랴 양자로 입양되어 후계자가 되었다. 당시 쓰나요시는 25만 석의 고즈케上野 다테바야시館林市(군마현)의 번주였다. 형들이 건재하고 쇼군에게 아들이 있었더라면 쓰나요시는 쇼군의 자리에 오르지 못하고 평범한 영주로서 일생을 보냈을 터이다.

1680년 8월, 쓰나요시는 34세의 장년의 나이에 제5대 쇼군에 올랐다. 선대의 자식이 아닌 양자 쇼군이 처음으로 등장한 것이다. 그는 쇼군의 자리에 오르자마자 생모가 미천한 신분임을 이유로 자신의 쇼군 계승을 반대한 당대의 실력자 사카이 다다키요를 파직하고 그의 저택을 몰수해 버렸다. 게바 쇼군으로 세도를 부리던 다다키요는 화병으로 다음 해에 생을 떠나고 말았다.

쓰나요시는 쇼군 계승의 일등공신인 홋타 마사토시를 막부의 최고직인 다이로로 발탁했다. 그는 집권 초기에는 마사토시의 보좌를 받아 비리가 있는 40여 명의 다이묘들을 과감하게 정리하고 낡은

제5대 도쿠가와 쓰나요시

德川綱吉, 1646~1709

생몰년(향년) : 1646년 1월 8일 ~ 1709년 1월 10일(63세)

재직연대(기간) : 1680년 8월 23일 ~ 1709년 1월 10일(28년 5개월)

사인 : 천연두   추정 신장 : 124~130cm   측실 수 : 3명   자녀 수 : 2명

구습을 개혁하는 한편, 충의와 예의를 중시하는 문치정치를 폈다. 1683년 쇼군 쓰나요시는 무가제법도의 제1조 '문무궁마文武弓馬의 길을 오로지 힘써 나갈 것'이라는 내용을 '문무충효文武忠孝에 힘쓰고, 예의를 바르게 할 것'이라고 고쳤다. '궁마의 길'을 삭제하고 '충효와 효의'를 강조한 것은 문치정치를 정착시키겠다는 의지를 표명한 것이다.

이런 중에 얄궂게도 1683년 네 살의 외아들 도쿠마쓰마루德松丸가 병사하고, 이듬해에는 쇼군의 멘토인 홋타 마사토시가 에도성 안에서 피살된 사건이 발생했다. 쇼군은 다이로였던 마사토시의 횡사에 애도를 표하면서도 회심의 미소를 지었다. 쓰나요시 쇼군은 마사토시가 주위의 반대에도 불구하고 자신을 쇼군으로 옹립해준 공을 인정하면서도, 한편으로는 강직한 성품에다 바른말 잘하는 그가 심적으로 부담스럽기도 하였다.

가면 악극, 노에 빠져있었던 쓰나요시는 신이 나면 무대에 올라가 가면을 걸치고 한 손에 부채를 들고 덩실덩실 춤을 추며, 가신들에게도 반강제적으로 무대에 오르게 했다. 키가 고작 124~130cm 정도 밖에 안 된 쇼군이 흥에 겨워 무대에서 노는 모양은 정말 꼴불견이었다. 마사토시는 쇼군에게 위신을 생각해서라도 제발 무대에 오르지 말 것을 수차례 간언했지만 소용없었다.

훈장 노릇하던 마사토시가 홀연히 사라지자 쇼군 쓰나요시는 일상이 편안하고 내 세상이 된 기분이었다. 마사토시의 피살 사건 이후 쇼군은 중신들과 일정한 거리를 두고, 다테바야시 번주 시절의 시동이었던 야나기사와 요시야스(1658~1714)를 로주에 버금가는 소바요닌側用人으로 발탁하였다. 소바요닌은 상시 쇼군 곁에 있으면서 쇼군의 일상생활 등 사적 부분을 담당하고 쇼군의 지시 사항 등을 로주에게 전달하는 '측근 중의 측근'이었다.

야나기사와 요시야스는 봉록 160석의 시동에 불과했는데 지근거리에서 모시던 번주 쓰나요시가 쇼군이 되자 팔자를 고치게 되었다. 요시야스는 눈치꾼이었다. 눈치가 빠르면 절에 가도 젓갈을 얻어먹는다고 하지 않는가. 쇼군 쓰나요시의 기분을 재빨리 알아차리고 한 번도 그의 기대에 어긋난 적이 없었다. 요시야스는 쇼군이 58회나 요시야스의 저택에 행차할 정도로 쇼군의 총애를 한몸에 받아 불과 수년 만에 1만 2천 석의 다이묘로 벼락출세했다.

쓰나요시는 효심이 극진하여 매사에 생모 게이쇼인桂昌院을 끔찍히 챙기고, 효자·효녀를 표창하기도 했다. 눈치 빠른 요시야스는 조정에 상당한 금품을 상납하여 게이쇼인에게 종1위를 내려주도록 공작을 폈다. 종1위는 도요토미 히데요시가 받았던 관위로 에도 시대에 여성이 받은 최고위직이었다. 요시야스는 공작이 먹혀들어 수석 로주로 승진하고, 쇼군으로부터 마쓰다이라松平 성씨(초대 쇼군 이에야스의 성)를 하사받아 도쿠가와 가문이 다스리던 고후의 성주가 되었다. 요시야스는 도쿠가와 265년의 치세 중 가장 출세한 인물로 꼽힌다. 그는 쇼군 쓰나요시 서거 후에는 삭발하고 은거에 들어갔다.

한편 쓰나요시의 생모는 3대 이에미쓰 쇼군 서거 이후에 삭발하고 불교에 귀의하여 게이쇼인으로 칭했다. 1683년 하나뿐인 손자를 잃은 다음에 아들의 뒤를 이을 후계자가 좀처럼 태어나지 않아 애가 탄 게이쇼인은 평소에 '큰 스님'으로 받들고 있는 류코隆光를 찾아갔다. 류코 왈 '후계자를 얻지 못한 것은 쇼군이 전생에 살생을 많이 한 업보'라고 하면서 쇼군이 개띠 해에 태어났으니 개를 소중히 하면 아들이 태어날 것이라고 꼬드겼다.

효심이 지극한 쓰나요시는 어머니를 통해 류코 승려의 응보설을 전해 듣고 1687년 1월 최초의 살생 금지령이라고 할 수 있는 '생류연민령生類憐憫令'을 공표했다. 이 법령은 개, 고양이 등의 짐승을 보호하는 것 이외에 중병에 걸린 환자나 어린애를 버리는 행위도 금하였다. 살생 금지령은 체계를 갖춘 법령이 아니라, 쓰나요시 쇼군이 수시로 발령한 생물 보호령의 총칭으로 24년간 60회 정도 발령되었다.

주위에 간하는 중신들도 없고 쇼군의 전제적 권력이 강화되자 쓰나요시는 희한한 내용의 생물 보호령을 연달아 내렸다. 식용으로 조류나 어류를 잡거나 판매해서는 안 되며 이를 위반할 경우에는 엄벌에 처한다는 것 등이었다. 다섯 살의 병든 자식에게 제비의 간을 먹이려고 활로 제비를 잡았다가 부자가 함께 처형되었는가 하면, 뺨에 붙은 모기를 손바닥으로 때려잡았다고 유배형을 받기도 했다. 그뿐만이 아니다. 에도 교외 오쿠보大久保와 나카노中野에 16만 평의 부지에 개집을 지어 에도 시내를 배회하는 들개 약 8만 마리를 수용했다. 사료비가 현재의 금액으로 연간 70억 엔에 달했다고 한다. 이 천문학적 비용은 결국 서민들이 부담해야 한다.

쓰나요시의 낚시 금지와 어류 판매 금지 등의 상식에 벗어난 동물 보호로 생활에 지장을 받은 서민들은 쓰나요시를 '이누쿠보犬公方' 즉 '개 쇼군'이라고 비아냥거렸다. 하지만 쓰나요시 자신은 태평성대를 이루고 인정을 베푼 성군이라고 착각했는지 모른다. 실은 쓰나요시는 학문을 좋아하고 장려했다. 주자학을 막부의 관학으로 하여 학자 육성에도 신경을 썼다. 1690년 에도의 유시마湯島에 공자의 사당을 짓고, 일본 최초의 대학이라 할 수 있는 쇼헤이자카 학문소平坂學問所를 설치했다. 쇼군의 학문적 수준도 상당한 것으로 보인다. 그 자신이 다이묘들에게 『논어』, 『주역』 등을 200여 차례나 강의했으니 말이다. 쓰나요시는 불교의 자비와 공자, 맹자 등의 성현의 가르침을 현실정치에 접목시키려고 하면서도 뒤로는 동성애를 즐기는 이중인격자였다. 그가 상대한 미소년은 130명 이상이었다고 한다.

에도 막부가 개설되어 70여 년이 경과하여 쓰나요시가 집권한 시대는 농업 생산이 높아지고, 화폐경제 발달로 경제적 호황을 누렸다. 쓰나요시 치세기인 겐로쿠元綠(1688~1704) 연간에 오사카의 신흥 상인층의 부를 바탕으로 교토·오사카의 조닌町人(상공인)을 중심으로 현실주의 경향이 짙은 겐로쿠 문화가 만개하였다. 겐로쿠 문화는 당시 쇄국에 의해 외국 문화의 영향이 적어 일본 독자의 문화로 발전하였다.

한편 막부의 재정은 과도한 지출로 인해 어려운 국면에 접어들었다. 1708년의 막부의 수지를 보면 수입이 70만 냥, 지출이 170만 냥으로 막부 재정이 심각한 위기에 직면하였다. 재정 파탄을 피하기 위한 방편으로 금·은의 함유량을 줄여 화폐 유통량을 늘리는 화폐 개주를 단행하였다. 그러나 일시적으로 막부의 재정 수입을 늘렸으나 근본적인 재정 개혁으로 이어지지는 않았다.

쓰나요시의 60여 차례에 걸친 살생 금지령도 부처님의 마음을 움직이지 못했는지 쓰나요시는 환갑을 앞둔 무렵까지 후계자가 될 아들을 얻지 못했다. 결국 죽음을 5년 정도 앞두고 조카 이에노부를 양자로 삼았다. 별로 좋아하지도 않는 조카를 후계자로 정한 다음부터는 쇼군 쓰나요시는 매사에 의욕이 떨어지고 정치에 대한 관심도 없어져 중신들을 멀리하고 혼자 우울한 상념에 빠져 지냈다.

1708년 겨울, 에도에 홍역이 대유행하였다. 에도성에도 홍역이 만연하여 쇼군도 이를 피할 수 없었다. 류코 스님이 쾌차 기도를 밤낮으로 드렸지만 병세는 악화일로였다. 28년 5개월간 장기 집권한 쇼군 쓰나요시는 임종 때 "생류연민령은 내가 죽은 다음에도 엄수해야 한다"는 유언을 남기고 1709년 1월 향년 63세로 타계했다.

쓰나요시의 서거 소식을 들은 서민들은 만세를 부르고 '개 쇼군'을 풍자한 익명의 익살맞은 시가를 유행시켰다. 일본의 저명한 평론가 도쿠토미 소호德富蘇峰(1863~1957)는 에도 시대를 통틀어 이때처럼 많은 풍자적 시가가 유행한 적은 없었다고 평했다. 그러나 근년의 일본 역사 교과서에는 쓰나요시의 치세를 인재 발탁, 생명 중시 등의 면에서 긍정적으로 기술하는 경향이 늘어나고 있어 쓰나요시가 저세상에서 '그러면 그렇지' 하고 있을 터이다.

에도성 내의 칼부림 사건

제5대 쇼군 쓰나요시 말기, 1701년 3월 14일, 에도성의 낭하에서 아코번赤穗藩(효고현) 번주 아사노 나가노리淺野長矩(1667~1701)가 발끈하여 칼을 빼어들어 막부의 의전관 기라 요시나카吉良義央(1641~1702)의 미간을 향해 내려쳤다. 아코赤穗 사건이라고 한다. 다행히 가벼운 상처를 입히는 칼부림으로 끝났다.

서른다섯 살의 젊은 영주 나가노리는 교토에서 파견 온 천황의 칙사를 접대하는 의전관의 임무를 수행하게 되었다. 나가노리는 5만 3천 석의 영주인 반면, 요시나카는 고작 4,500석에 불과한 작은 번의 영주였으나 에도성의 의례를 총괄하는 의전장이라는 요직을 맡고 있었다. 칙사 접대를 맡게 된 영주들은 의전장 요시나카에게 선물꾸러미를 전달하고 까다로운 의식 절차에 관해 정중하게 지도를 청하는 것이 상례였다. 의전이란 예나 지금이나 잘해야 본전이라는 말 그대로 까다롭기 그지없다. 사실 의전은 행사에서 본질적인 사항이 아닌데도 까딱하여 잘못되면 본행사가 망가지는 경우가 많다.

아사노 나가노리도 전례에 따라 의전장 기라 요시나카에게 선물을 보내긴 했으나 탐탁지 않았던 모양이다. 나가노리가 칙사를 맞이할 때 어쩔 줄 몰라 요시나카를 쳐다보고 훈수를 바라는 눈짓을 했으나 의전장은 잘해보라는 식으로 알 듯 모를 듯한 미소만 지었다. 나가노리는 요시나카의 태도를 고깝게 여기고 있던 차에 에도성 내의 낭하에서 마주치자 자기도 모르게 칼을 꺼내고 말았다. 지엄한 쇼군의 거처에서 칼을 빼서는 안 된다는 법도를 어긴 것이다.

생명을 중히 여겨 살생 금지령을 내린 '개 쇼군' 쓰나요시는 의외로 아사노 나가노리에게 당일 할복을 명하였다. 나가노리는 그날로 할복하였고 그의 시체는 센가쿠지泉岳寺에 매장된다. 당시 나가노리에게는 자식이 없었고 아직 아코번 영주의 뒤를 이을 후계자도 정해져 있지 않은 상태였다. 영주의 자결로 아코번은 한순간에 몰락했다. 영지와 저택은 몰수당하고 가신들은 하루아침에 낭인 신세로 전락했다. 주군을 잃은 아코성 무사들 47명은 가로家老 오이시 요시타카大石良雄를 중심으로 뭉쳐 영주의 원수를 갚기 위해 절치부심했다.

1702년 12월 14일 에도는 하얀 눈으로 덮여 있었다. 1년 9개월 동안 복수의 칼을 간 낭인들은 요시나카의 저택에 침입하여 그의 목을 베어 센가쿠지 경내에 있는 주군의 묘 앞에 바친 뒤 자수했다. 당시의 시대적 상황은 피비린내 나는 전쟁이 100년 전 아득한 기억으로만 남아있던 평화로운 나날이었다. 위아래를 막론하고 놀고 마시는 분위기가 팽배해있던 판국이라 여론은 무사들이 목숨을 던져 주군의 원수를 갚은 행위를 의거로 보고, 이들을 의사義士라고 치켜세웠다. 역시 '꽃은 벚꽃, 사람은 무사'라는 칭송이 자자했다.

한편 쇼군을 보좌하는 유학자들은 마흔 일곱 명의 낭인의 처벌을 두고 의견이 엇갈렸다. 선대부터 쇼군에게 유학을 시강한 하야시 호코林鳳岡(1644~1732)는 낭인들의 복수 행위를 충효 정신의 구현으로 평가하고, 부모와 주군에 대한 복수가 공인되어 있는 점 등을 들어 관대한 처분을 주장했다. 이에 대해 경세제민에 관심이 많던 유학자 오규 소라이荻生徂徠(1666~1728)는 극형을 주장했다. 오규는 아사노 나가노리가 '일시적인 분노로 조상과 가문의 명예를 잊고 쇼군의 거성에서 칼부림을 자행한 행위는 도리에 어긋난 행동이며, 가신들이 주군의 잘못된 뜻을 이으려고 기라 요시나카를 참살한 행위는 충忠이라 할 수 없다'고 주장했다. 300년 전 오규의 주장은 지금 읽어봐도 설득력이 있다.

오규의 주장대로 이들은 할복이 결정되어 16세의 소년을 비롯한 47명이 주군의 뒤를 따랐다. 이 복수담은 1748년 일본의 전통 민중 연극 가부키歌舞伎로 〈주신구라忠臣藏〉라는 타이틀로 처음으로 공연되어 대인기를 누렸다. 당시의 막부의 간섭 때문에 사건을 있는 그대로 극화하지 못하고, 시대적 배경을 무로마치 시대로 설정하였다. 1970년대 중반만 해도 12월이 되면 일본에서는 주신구라의 가부키·영화·연극 등을 공연하거나 TV에서 경쟁적으로 방영했다. 주신구라의 예고 기사가 신문에 나돌기 시작하면 '아, 올해도 벌써 다 갔다'고 중얼거리며 역을 맡은 배우가 누구인지 샅샅이 훑어보는 사람들이 많았다.

NHK도 이미 서너 번 이상 대하드라마로 방영했다. 한 가지 테마를 몇 년 동안 간격을 두고 재구성해서 다시 방영하는 예는 매우 드문 일이다. 1910년 주신구라 영화를 처음으로 개봉한 이래 비슷한 작품이 44편이나 제작되었다. 또한 이를 소재로 한 장·단편 소설도 500편이 넘는다. 1945년 패전 후 얼마 동안은 연합군 총사령부가 공연을 금지시켰다. 봉건적 충성심, 생명 경시 행위를 명예로 여기는 작품 공연을 허용하지 않았기 때문이다.

　주신구라의 배경이 된 사건의 전말을 찬찬히 뜯어보면 이해하기 어려운 점이 한두 가지가 아니다. 아사노 나가노리의 행위는 때와 장소를 가릴 줄 모르는 경거망동이며, 책임감 있는 지도자로서도 실격이다. 젊은 영주의 경솔한 처신으로 영지가 몰수당하고 가신들은 한꺼번에 생계 수단을 잃었는데도 일본인들은 300년 전이나 지금이나 여전히 무사의 체면을 세운 인물을 보고 동정표를 보낸다. 이런 현상은 결국 일본인 특유의 정서라고 밖에 생각할 수 없다.

　47명의 낭인들이 도당 금지라는 법을 무시하고 작당하여 기라의 목을 친 행위는 따지고 보면 목적과 수단을 혼동한 집단 린치와 다름없다. 정말 복수를 하고 싶었다면 1년 9개월이나 미적거릴 필요도 없었다. 예순이 넘은 노인 한 사람을 처치하는 데 그렇게 많은 세월과 사람이 필요했던가.

　아마도 일본인들도 머리로는 아사노와 낭인들의 행위에 문제가 있다고 생각하지만 심정적으로 끌리는 듯하다. 낭인들의 사심 없는 행위, 멸사봉공과 와신상담의 정신으로 뭉쳐 목적을 성취하는 스토리가 일본인들의 정서에 맞다. 1868년 메이지 천황이 47인의 낭인들이 잠들어 있는 센카쿠지에 칙사를 보내 칭송함으로써 이들은 일본 정신의 상징으로 자리매김되었다. 이후 주신구라는 '충군애국'이라는 근대적 이데올로기를 강화하는 교육 자료로서 『수신』, 『국어』 등의 교과서에 인용되어 다양하게 활용되었다.

제6대 쇼군

도쿠가와 이에노부 德川家宣

이에노부는 1662년 4월 25일, 고후甲府(야마나시현) 번주인 쓰나시
게綱重와 신분이 미천한 시녀 사이에서 태어났다. 이에노부가 태어날
무렵, 아버지 쓰나시게는 교토의 귀족의 딸을 정실로 맞아들일 준
비를 하고 있었다. 그래서 갓 태어난 사내아이를 가신 니미 마사노
부新見正信에게 양자로 보냈다. 이에노부는 에도성 밖에서 니미 사콘
新見左近으로 자라 아홉 살 때에 비로소 아버지 쓰나요시 곁으로 돌
아올 수 있었다. 불우한 유년 시절을 보낸 그는 아버지가 34세의 한
창나이로 병사하자 열여섯 살 때 가독을 상속받아 고후의 번주가
되었다.

제5대 쇼군 쓰나요시가 뒤를 이을 아들을 얻지 못한 채 세상을
떠나자 이에노부가 1709년 5월, 47세의 늦은 나이에 제6대 쇼군에
올랐다. 쇼군 이에노부는 숙부인 쓰나요시 쇼군의 장례식이 채 끝나
기도 전에 악법으로 원성이 자자하던 생류연민령을 폐기하고 이 법
에 저촉되어 투옥 중인 8천여 명을 석방하여 생업에 복귀시켰다. 명
군의 도래를 칭송하는 소리가 자자했다.

이에노부는 쇼군 취임 직후 인사를 쇄신하여 선대 쇼군 시대에
소바요닌으로서 권력을 휘두른 야나기사와 요시야스를 면직하고 고
후 번주 때의 스승인 아라이 하쿠세키와 측근인 마나베 아키후사間
部詮房를 등용하였다. 하쿠세키는 이에노부를 고후 번주로 모신 16년

동안 이에노부에게 무려 800회 이상 진강했으며 이에노부가 쇼군에 오른 다음에도 강의를 계속하여 이에노부의 인仁의 정치에 적지 않은 영향을 끼쳤다.

쇼군은 하쿠세키는 자신의 분신과 같은 존재라고 할 정도로 깊은 신뢰와 존경의 마음을 표시했다. 그는 하쿠세키의 진강을 들을 때는 언제나 정장을 하고 한여름에도 부채를 부치지 않고 모기가 물어도 꼼짝도 하지 않았다. 또한 하쿠세키가 1만 석 이상의 영주 337개 가문의 역사와 도쿠가와 가문과의 관계를 알 수 있는『번한보藩翰譜』를 편찬하여 이에노부에게 헌상하자 쇼군은 '제왕학의 지침서'라고 칭하고 언제나 곁에 두고 참고했다고 한다.

이에노부의 아들인 7대 쇼군 이에쓰구의 시대에도 하쿠세키와 아키후사는 쇼군의 측근으로 보좌를 했다. 하쿠세키·아키후사가 보좌하던 6대, 7대 쇼군의 정치를 당시의 연호 쇼토쿠正德를 따서 '쇼토쿠의 정치'라고 불린다. 하쿠세키는 재정 건전화 정책으로서, 매회 100만 냥 정도가 소요되는 조선통신사의 접대를 간소화한 데 이어 쓰나요시 쇼군 시대에 품질이 떨어진 금화와 은화의 금, 은 함유량을 원래대로 되돌려 신용 회복을 시도했다. 그러나 양질의 화폐로 개주하는 데 따른 화폐 유통량의 감소는 시장의 요구에 역행하는 것이었기 때문에 오히려 경제는 정체와 혼란에 빠졌다.

가면극, 노의 배우였던 마나베 아키후사는 이에노부가 고후 번주였을 때 번주 앞에서 노를 공연한 것이 계기가 이에노부의 시동이 되었다. 이에노부가 쇼군에 오른 다음에는 소바요닌으로 발탁되어

제6대 도쿠가와 이에노부

德川家宣, 1662~1712

생몰년(향년) : 1662년 4월 25일 ~ 1712년 10월 14일(50세)

재직연대(기간) : 1709년 5월 1일 ~ 1712년 10월 14일(3년 5개월)

사인 : 유행성 감기   추정 신장 : 160cm   측실 수 : 4명   자녀 수 : 6명

하쿠세키와 함께 이에노부의 양팔이 되어 이에노부의 치세를 뒷받침했다. 하쿠세키가 정책을 입안하고 아키후사가 그것을 실천하는 역할을 분담하여 막정을 운영하였다. 아키후사의 이에노부에 대한 충성은 누구도 흉내낼 수 없을 정도였다. 거의 24시간 이에노부의 옆에서 시중들며 1년에 몇 차례만 집에 들어갔다고 한다.

1712년 9월, 에도에 유행성 독감이 대유행했다. 쇼군 이에노부도 감기 기운으로 누워 지냈다. 전국의 유명 사찰이나 신사에서 병마 퇴치 기원제를 연달아 올렸으나 호전되기는커녕 폐렴으로 진진되고 말았다. 쇼군은 임종을 앞두고 아라이 하쿠세키를 머리맡으로 불러 '차기 쇼군은 오와리 가문의 도쿠가와 요시미치德川吉通로 하면 어떨까' 하고 하문했다. 네 살 난 적자 이에쓰구가 있는 데 말이다. 하쿠세키는 어처구니없다는 표정을 지었다. 쇼군은 '물론 후계자가 없는 것은 아니나 고래로 어린 군주가 즉위하여 천하를 제대로 다스린 적이 있는가. 초대 쇼군 이에야스가 고산케를 창설한 것은 바로 이와 같은 때를 위한 것이 아닌가'라고 했다. 실로 명군이라 할만하다. 적자가 있는데도 다른 집안에 쇼군직을 넘기려고 했던 쇼군은 이에노부가 처음이고 마지막이었다.

하쿠세키는 필사적으로 쇼군을 설득하여 이에쓰구를 후계자로 정하도록 했다. 이에노부 쇼군은 나어린 후계자를 아라이 하쿠세키에게 부탁하고 50세로 병사하였다. 이에노부의 치세기는 4년이 채 못 되었으나 그는 과감하게 선대 쓰나요시 쇼군의 악정을 폐기하여 명군이라는 평가를 받는 반면 너무 형식에 치중한 유교적 이상 정치로 흘러 현실적인 사회의 모순에 제대로 대응을 못했다는 지적도 아울러 받고 있다.

칼럼

아라이 하쿠세키와 통신사

임진전쟁 후 도쿠가와 이에야스의 요청으로, 단절되었던 양국 간 국교가 재개되었다. 이에 따라 조선 측에서는 일본의 요청에 의하여 1607년부터 1811년까지 12차례에 걸쳐 사절을 파견하게 된다. 조선의 사절은 처음 3회까지는 '회답사 겸 쇄환사'라는 이름으로 파견되었고 4회부터는 '통신사'로 칭하였다. 에도 시대의 통신사通信使라면 도쿠가와 시대의 12회에 걸친 조선 사절을 말하는 것이다. 회답사回答使는 일본 측의 국서에 대한 답을 전달하는 사절이라는 뜻이며, 쇄환사刷還使는 임진왜란 때 연행된 조선인의 송환을 교섭하는 사절이다.

숙종 8년(1682)에 통신사가 일본을 방문했을 때, 20대 중반의 유생이 자신의 시문을 묶은『도정시집陶情詩集』을 들고 통신사 숙소를 찾아왔다. 통신사와의 직접 면담이 어렵다는 관례를 안 그는 중간에 사람을 넣어 자신의 문집에 대한 평가와 함께 서문을 받고 싶다는 의향을 정중히 전해왔다. 제술관 성완成琬은 그 청년을 가상히 여겨 직접 문집을 갖고 오도록 했을 뿐만 아니라 제법 격조가 있는 시문이라고 칭찬하고 서문을 기꺼이 적어 주었다. 이에 그 청년은 감격하여 선생의 글월을 평생 면학의 양식으로 삼겠다는 다짐을 하고 물러갔다.

그 청년이 바로 아라이 하쿠세키(1657~1725)였다. 그는 후에 도쿠가와 막부의 6대 쇼군 이에노부의 시강으로 이에노부의 집권과 더불어 이에노부의 정치적 고문으로 개혁을 주도한 인물이다. 아라이는 일본을 대표할 수 있는 학자이자 정치가였으며 순수 주자학보다는 지행합일을 내세우는 양명학에 친근감을 느끼는, 행동하는 지식인이었다.

하쿠세키는 쇼군의 교체 시에 조선에서 파견되는 통신사 예우를 근본적으로 검토하였다. 대등한 관계 정립과 사절 접대의 간소화를 주요 내용으로 하는 「조선 빙례사의」와 「조선 빙례응접사의」라는 개혁 방안을 쇼군에게 제출하였다. 하쿠세키는 통신사가 일본의 수도 교토까지 입성한 데 반해 일본 측 사절은 한양 문턱에도 못 들어가고 수도에서 천릿길이나 떨어진 부산에서 응대받고 있는 점에 주목하여 조선 사절도 상호주의 원칙에 따라 쓰시마에 국한시켜야 한다는 주장을 폈다. 또한 그는 외교 문서상의 쇼군의 명칭을 '다이쿤大君'에서 '일본국왕'으로 개칭하여 쇼군이야말로 일본을 대표하는 권력자라는 것을 명확히 했다.

1711년 조태억趙泰億을 정사로 한 통신사가 일본을 방문하게 되었을 때, 아라이는 쇼군의 지시로 요코하마橫浜 부근까지 출영을 나왔다. 그는 이에 앞서 그와 동문수학한 아메노모리 호슈(1668~1755)에게 자신의 시집 『백석시초白石詩草』를 보내 통신사 정사의 서문과 발문을 받아주도록 부탁했다. 자신의 실력을 과시하고 일본에도 이만큼 시문에 능한 학자가 있음을 내보이려는 의도였다.

통신사 정사 조태억의 호의적 평가와 더불어 서문과 발문을 받은 하쿠세키는 문인으로서 높은 자부심을 갖게 되었으며 통신사의 서문을 쇼군에게까지 보이며 대단히 좋아했다. 한편 그는 에스파냐, 포르투갈, 네덜란드인과의 접촉을 통해서 얻은 해외 지식으로 통신사 일행을 압도했다고 자화자찬하고, 조선 지식인의 해외 지식은 유치한 수준이라고 깎아내리고 헐뜯었다. 앞에서 꼬리치던 개가 발뒤꿈치를 무는 격이다.

하쿠세키가 건의한 조선통신사 접대 방법은 일본 내부의 강한 반대로 제대로 시행되지 않았다. 다만 쇼군을 '일본국왕'으로 국서에 표기했으나 그것도 아라이의 실각으로 1회 실시에 그치고 말았다. 조선 사절을 쓰시마에서 응접하여야 한다는 그의 주장은 100년 후인 1811년, 즉 조선 최후의 통신사 접수 때에야 처음이자 마지막으로 실시되었다.

3 │ 안정·개혁기

제7대 쇼군
도쿠가와 이에쓰구^{德川家繼}

제6대 쇼군 이에노부가 50세로 병사하자 겨우 네 살의 이에쓰구
가 1713년 제7대 쇼군의 자리에 올랐다. 최연소 쇼군의 등장이다.
이에쓰구 생모 오키요^{お喜世}는 이에노부 쇼군이 타계하자 머리를 깎
고 불문에 귀의하여 겟코인^{月光院(1689~1752)}으로 칭했다. 한편 마나
베 아키후사는 이에노부 쇼군의 사후에도 나어린 7대 쇼군 이에쓰
구의 소바요닌이 되어 이에쓰구의 생모와 함께 정치의 실권을 장악
했다.

이에쓰구의 생모 겟코인은 승려의 딸이지만 미모가 출중하고 재
기가 넘쳐 오오쿠에 들어오게 되었다. 먼 친척뻘 되는 무사의 양녀
로 신분을 세탁하고서 말이다. 오오쿠에 들어온 지 얼마 되지 않아
쇼군의 총애를 받아 이에노부 쇼군의 4남 이에쓰구를 출산했다. 3명
의 형들이 요절하는 바람에 만 네 살이 채 못 된 이에쓰구가 쇼군의
자리에 오르게 되었다. 겟코인은 자신이 낳은 아들이 쇼군이 되자

제7대 도쿠가와 이에쓰구

德川家繼, 1709~1716

생몰년(향년) : 1709년 7월 3일 ~ 1716년 4월 30일(7세)

재직연대(기간) : 1713년 4월 2일 ~ 1716년 4월 30일(3년)

사인 : 급성 폐렴 추정 신장 : 135cm 측실 수 : 0명 자녀 수 : 0명

오오쿠의 실권을 장악하게 된 한편 선대 쇼군 이에노부의 정실 덴에이인天英院(1660~1741)은 찬밥 신세가 되었다.

이에쓰구 쇼군이 즉위하자 선대 쇼군 이에노부의 측근이었던 소바요닌 마나베 아키후사와 유학자 아라이 하쿠세키가 협력하여 막부정치를 쥐락펴락했다. 로주 등의 고위 관리들은 보고서를 아키후사를 거쳐 쇼군의 모친 겟코인에게 올렸다. 하쿠세키가 입안하여 쇼군의 이름으로 공포하면 아키후사가 이를 집행하는 식이었다. 예컨대 1715년 하쿠세키가 입안한 나가사키 무역 제한령은 청나라 배는 연 30척, 은 6천 관, 네덜란드 배는 연 2척, 은 3천 관으로 각각 제한하고 무역 허가증으로서 신패를 발행하여 밀무역을 단속했다. 겨우 여섯 살의 이에쓰구 쇼군이 무역 제한령을 알 리가 없지만 쇼군 이에쓰구의 명의로 공포된 데 의미가 있다.

이에쓰구는 쇼군의 자리에 오른 다음에도 어린 탓으로 어머니 겟코인과 함께 오오쿠에서 생활하였다. 오오쿠는 금남의 구역이지만 이에쓰구의 양육 담당 아키후사는 예외적으로 자유자재로 출입하였고 머물 수도 있었다. 아키후사가 정무를 마치고 오오쿠로 돌아오면 이에쓰구는 기뻐서 어쩔 줄 몰라 현관에까지 달려가 그의 목을 꺼안고 매달리곤 했다. 아키후사는 성심성의껏 이에쓰구를 돌보고 이에쓰구의 생모 겟코인을 지성으로 모셨다. 이런 관계로 오오쿠 내에서는 겟코인과 아키후사의 불륜설이 나돌기도 했다.

이에쓰구 쇼군이 너무 어린 탓인지 당시 오오쿠는 사치스럽고 문란하였다. 1712년 1월에 오오쿠의 실력자 에지마繪島가 쇼군의 생모

168   일본인과 쇼군

겟코인의 대리로 100여 명의 시녀들을 데리고 에도의 조조지增上寺
에서 6대 쇼군 이에노부를 위한 법회를 거행했다. 에지마는 오오쿠
의 실권자 겟코인을 측근에서 시중드는 고참 시녀였다.

에지마는 법회를 마치고 돌아오는 길에 호상의 초청으로 당시 가
장 인기 있는 이쿠시마 신고로生島新五郎가 공연한 교겐을 관람하였
다. 관람 후 에지마는 배우 신고로를 초청하여 요란한 연회를 베풀
어 먹고 마시다가 그만 오오쿠의 폐문 시간을 넘겨버리는 사고를 쳐
이쿠시마와의 염문설로 확대되었다. 이를 '에지마·이쿠시마 사건'이
라고 한다.

선대 쇼군의 법회를 마친 다음에 술판을 벌인 것도 문제시되었으
며 이 사건으로 에지마와 관련 있는 어용상인, 의원, 우키요에 화가
등 천 명 이상이 처벌을 받았다. 당시 35세였던 에지마는 이쿠시마
와 정을 통하고 어용상인들에게 뇌물을 받았다고 하여 나가노현으
로 유배를 가서 그곳에서 61세의 나이로 쓸쓸히 생을 마감했다.

이 사건은 6대 이에노부 쇼군의 정실 덴에이인과 도쿠가와 가문
의 신하가 결탁해서 조작한 측면도 있다. 당시 오오쿠에서 6대 쇼군
의 정실 덴에이인과 7대 쇼군 이에쓰구의 생모 겟코인이 권력 투쟁
을 벌이고 있는 와중이었다. 덴에이인은 천황 측근 대신의 소생이었
으며, 조모가 고미즈노오 천황의 딸로 고귀한 혈통의 가문이었다.
반면 겟코인은 승려의 딸로서 보잘것없는 출신이었다. 비천한 출신
의 여자가 아들을 낳고 그 아들이 쇼군이 되자 오오쿠의 실세가 되
었으니 덴에이인의 심사가 뒤틀린 것도 무리는 아니다. 이 사건을 계

기로 겟코인은 만회하기 어려운 타격을 입었으며, 덴에이인이 오오쿠의 실권을 다시 장악하게 되었으며, 8대 쇼군의 정치에도 영향력을 행사했다.

한편 쇼군 이에쓰구가 일곱 살 때 레이겐靈元 상황의 핏줄인 두 살의 요시코吉子 황녀와 혼약했다. 소꿉장난이 아닌 공식적인 혼사였다. 그러나 타고난 약골 쇼군 이에쓰구는 혼약한 다음 해인 1716년 4월에 약혼자의 얼굴 한 번도 보지 못하고 일곱 살의 나이로 병사하고 말았다.

이에쓰구의 쇼군 재임은 고작 3년간으로 선대 이에노부 쇼군의 치세 기간과 합쳐도 7년이 채 못 되며 그의 요절로 도쿠가와 종가의 혈통은 단절되고 말았다. 쇼군의 사망으로 요시코는 겨우 세 살에 과부가 된 셈이다. 요시코는 7대 쇼군 도쿠가와 이에쓰구의 정실이라는 족쇄가 채워져 결혼도 못하고 혼자 외롭게 지내다 1758년 45세로 비운의 생을 끝마쳤다.

제8대 쇼군
도쿠가와 요시무네德川吉宗

도쿠가와 요시무네는 기슈번紀州藩(와카야마현)의 번주 도쿠가와 미쓰사다德川光貞의 4남으로 태어났다. 생모는 농민 출신으로 번주의 욕실 담당이었다. 아버지의 나이 41세 때 태어난 아이는 건강하게 자라지 못한다는 속설 때문에 갓난아기를 일단 성내의 소나무 아래에 내버리는 시늉을 하고, 가신이 아기를 주워 액땜을 하도록 했다. 그래서 요시무네는 다섯 살 때까지 가신의 집에서 자라야 했다.

액 막음을 잘해서인지 요시무네는 운이 억세게 좋았다. 장자가 가독을 상속하던 당시 차남 이하는 밥벌레 취급이었다. 서출에다 4남인 그에게 찾아온 최초의 행운은 1697년 봄, 5대 쇼군 쓰나요시의 행차였다. 후계자를 얻지 못해 안달하던 50대 초반의 쇼군은 기슈 번주 미쓰사다는 아들 복이 많다는 소문을 듣고 이들을 구경하러 왕림했던 것이다. 요시무네는 이때의 쇼군 알현을 계기로 3만 석을 배수받아 일약 13세의 다이묘로 출세했다.

두 번째의 행운은 부친 미쓰사다 번주가 타계한 후 형들이 차례로 번주에 올랐으나 모두 병사하고 만 것이었다. 4형제 중 유일하게 남은 요시무네가 1705년 21세의 나이에 55만 석의 대다이묘로 도약하였다. 요시무네는 번주로 10년간 재임하는 동안 막부 차입금 10만 냥을 전부 상환하고 상당한 양의 금과 은, 미곡을 비축하는 수완을 보였다.

요시무네의 행운은 여기서 끝나지 않는다. 1716년 7대 쇼군 이에쓰구가 겨우 일곱 살에 숨을 거두었다. 이로써 도쿠가와 종가의 혈통은 단절되었다. 역사에서 배우기를 게을리하지 않았던 에도 막부의 창건자 이에야스는 이와 같은 경우를 대비하여 자식들로 하여금 쇼군의 후계자를 세울 수 있는 가문을 창설토록 했다. 즉 9남 요시나오의 오와리(아이치현), 10남 요리노부의 기슈(와카야마현), 11남 요리후사의 미토(이바라키현) 3개의 가문이다. 이 가문을 고산케라고 하며 후사가 끊어질 경우에 후계자를 낼 수 있도록 했다. 가마쿠라 막부를 개설한 미나모토노 요리토모의 겐지 가문이 3대로 끝나고만 것을 교훈으로 삼은 것이다.

1716년 8월, 도쿠가와 요시무네가 기슈 번주 재임 시의 치적 등이 평가를 받아 고산케의 필두인 오와리가를 제치고 제8대 쇼군에 취임했다. 쇼군에 취임한 요시무네의 제일성은 '매사를 곤겐사마權現樣(이에야스의 존칭)가 정한대로 하겠다'는 것이었다. 요시무네는 역대 쇼군들과는 달리 유학, 와카, 노가쿠에는 관심이 없고 천문, 약학, 식물학 등 실용적인 학문에 관심을 보이고 이를 장려했다.

요시무네는 크리스트교와 무관한 한역 양서의 수입을 허용하여 천문학, 자연과학 분야의 연구를 촉진시키고, 에도의 간다神田에 천문대를 설치하여 스스로 별자리를 관측하기도 했다. 경작지 개발을 독려하고, 고구마, 사탕수수, 조선의 인삼 등과 같은 상품 작물의 보급에도 열심이었다. 그는 또한 1724년『관각 정정 동의보감官刻訂正東醫寶鑑』을 간행했다. 일본 최초의『동의보감』간행본인 이 책은 원본을 개정·증보한 것이 아니라 원저에 훈독을 단 것이다. 그는 "이 책의 간행으로 일본 서민의 질병과 고통을 구제하고 백성의 목숨을 지킬 것"이라고 했다.

요시무네 쇼군의 명을 받은 아오키 곤요靑木昆陽(1698~1769)가 고구마의 효능과 재배 방식을 정리한『번저고蕃藷考』를 1735년 간행했다. 이를 계기로 고구마가 일본 전국에서 재배되고, 쓰시마를 거쳐

제8대 도쿠가와 요시무네

德川吉宗, 1684~1751

생몰년(향년) : 1684년 10월 21일 ~ 1751년 6월 20일(67세)

재직연대(기간) : 1716년 8월 13일 ~ 1745년 9월 25일(29년 1개월)

사인 : 뇌졸중   추정 신장 : 180cm   측실 수 : 6명   자녀 수 : 5명

1763년 조엄趙曮에 의해 조선에까지 들어오게 되었다. 또한 요시무네는『동의보감』을 읽고, 조선 인삼의 국산화 지시를 내려 1748년 무렵부터 일본 전국에서 인삼을 재배하게 되었다.

요시무네는 취임 직후 선대의 측근인 아라이 하쿠세키, 마나베 아키후사를 해임하고 기슈 인근의 야마다 부교인 오오카 다다스케 大岡忠相(1677~1751)를 에도마치 부교江戸町奉行로 발탁하였다. 에도 부교는 현재의 도쿄도 지사, 경시청 총감, 최고 재판소 판사, 소방청 장관 등의 업무를 관장하는 막강한 직책이었다.

쇼군 요시무네의 다다스케의 등용은 전례가 없는 파격적인 인사였다. 당시 막부의 관직은 세습제로 녹봉액이 정해져 있어 그 녹봉액 이상의 녹을 받고 있는 가문의 연고자로 충원해야 한다는 관례가 있었다. 에도 부교는 녹봉이 3천 석인 데 반해 야마다 부교 다다스케의 녹봉은 1천 석 정도에 불과하여 등용 조건을 충족하지 못했다. 요시무네는 이와 같은 관례를 무시하고 다다스케의 녹봉을 2천 석 증액하여 에도 부교 녹봉 3천 석의 기준을 충족시켜 에도 부교로 등용했다.

이와 같이 능력이 있는 하위직의 관리를 임명할 경우 모자라는 녹봉액을 재임 중에 한 해 증액하여 임명하는 것을 다시다카足高라고 한다. 요시무네는 이 제도를 통해 신분에 구애되지 않고 능력 있는 하위직의 관리를 다수 발탁했다. 쇼군 요시무네가 다다스케를 등용하여 30년간의 재임기간 중에 추진한 재정, 농업, 상법 분야 등의 혁신을 교호享保 개혁이라고 한다. 교호 개혁 추진의 일등 공신인 오오카 다다스케는 지금도 TV 사극에 에도의 명판관으로 등장하곤 한다.

요시무네 시대는 미곡 중심의 경제에서 화폐·상품 경제로 진입한 시기였다. 물가는 오르고 게다가 전염병과 재해가 잇달아 서민들은 생활에 고통을 겪고 있었고 그중에서도 하급 무사들은 봉록만으로는 생활하기가 어려워 전전긍긍했다. 그래서 무사들 중에는 상인들로부터 돈을 빌리거나 무사 신분을 파는 자도 생겼다. 막부는 1719년 이들을 구제할 셈으로 '금전 채무에 관한 소송은 받아들이지 않는다. 당사자끼리 해결하라'는 상대제령相對濟令을 내렸다. 이 법령이 공포되자 빚쟁이 무사들은 히히거리며 빚을 갚지 않아 금융업계는 혼란에 빠졌다.

요시무네는 서민들에게 귀를 기울일 줄 아는 쇼군이었다. 쇼군 취임 5년이 되던 1721년 무렵에 재판소 앞에 메야스바코目安箱(일반 서민의 투서함)를 설치하였다. 메야스바코에 투서된 서민들의 불만이나 애로사항에 관한 투서를 쇼군이 직접 읽고 필요한 조치를 취했다. 처음에는 개인적 애로사항에 관한 호소가 많았으나 점차 유익한 투서도 들어왔다. 오가와 쇼센이라는 의사는 가난하여 병원에 가지도 못하고, 약도 살 수 없는 서민들을 위한 무료 의료 시설 설립을 건의하였다. 쇼군 요시무네는 이 투서를 읽고 옳다구나 하고 1722년에 에도의 1천 평의 부지에 빈민들을 위한 의료기관인 양생소를 설립하였다.

한편 막부의 재정도 어렵기는 마찬가지였다. 당시 막부의 주요한 재원은 약 400만 석의 직할지에서 거두어들이는 연공미와 금은의 채굴이었다. 그러나 당시 빈번한 흉년과 금은의 채광량 감소로 막부는 막부의 신하들에게 제때에 급료를 지급하지 못할 정도로 어려운 상황이었다. 쇼군 요시무네는 1722년 막부의 재정 악화를 개선하기 위해 전국의 다이묘들에게 1만 석당 100석을 매년 헌상하도록 했다. 그 대신 산킨코타이의 에도 체류 기간을 1년에서 6개월로 단축했다. 막부 체면이 말이 아니었다. 쇼군은 아게마이上米라고 하는 이 조치를 재성 형편이 개신되자 1731년 중지시키고 산킨코타이도 종래대로 되돌렸다.

막부는 건전 재정 확보를 위한 근본 대책으로서 경작지와 연공을 늘리는 방안을 모색하였다. 새로운 전답의 개간을 권장하는 한편 연공을 정하는 기준도 그 해의 수확량에 관계없이 과거 수년간 수확량의 평균치로 정하는 정면법定免法을 도입했다. 이는 사실상의 증세 조치였다. 연공은 쌀의 수확량에 관계없이 미리 정해진 금액을 세금으로 바치지 않으면 안 되었기 때문에 농민의 생활은 더욱 어려워졌다. 뿐만이 아니다. 막부는 종래 생산량의 40%를 수취하던 4공6민(4公6民)의 연공률을 5공5민(5公5民), 즉 생산량의 50%로 인상하였다. 요시무네 쇼군을 교과서에서는 '막부 중흥의 명군'이라고 칭송하나 이는 막부 측에서 보는 시각이며, 농민의 입장에서는 '폭군'이었다.

요시무네는 재정 재건을 위해 연공의 인상, 즉 증세를 통한 수입 증대 정책을 펴는 한편 검약에 의한 지출 삭감 정책도 아울러 추진하였다. 쇼군은 전국에 검약령을 발령하고 무사들뿐만 아니라 상공인 및 농민들의 사치를 금지하고 쇼군 자신이 솔선수범의 자세를 보였다. 요시무네는 무명으로 만든 옷을 입고 식사도 하루 두 끼에 국하나, 반찬은 두세 개였다. 요시무네의 검약령은 사치스러운 풍조에 젖어든 무사들에서부터 서민에 이르기까지 평판이 그다지 좋지 않았다.

쇼군 요시무네는 또한 막부 재정의 4할을 낭비하는 오오쿠의 개혁을 단행하여 약 4천 명에 달하는 인원을 1,300명 정도로 감축하는 성과를 거두었다. 그야말로 성역 없는 개혁을 밀어붙인 것이다. 쇼군의 오오쿠의 개혁은 세간의 화제가 되었다.

쇼군은 어느 날 오오쿠에 미모가 출중한 시녀들의 명단을 작성하여 제출도록 했다. 측실을 찾고 있는 것이 아닐까, 긴장한 눈빛으로 가슴 설레는 미인들에게 뜻밖에도 귀향 조치가 내려졌다. 얼굴이 반반하니 언제라도 데려갈 상대가 나타날 것이니 부모님 곁으로 가라는 것이었다. 그 여인들은 당초 수려한 미모 덕분에 오오쿠에 들어왔던 것이다. 운이 좋으면 측실의 자리에 오르는 것은 물론이요, 아들이라도 낳으면 쇼군의 생모가 되는 것이 아닌가. 그런데 미녀들은 "미모 때문에 감원 대상자가 되다니 세상에 별일도 다 있군" 투덜거리며 귀향길에 오를 수밖에 없었다.

요시무네 쇼군의 아들 이에시게는 쇼군감이 못 되었다. 말도 제대로 못한 주제에 주색과 유흥에 빠져 지냈다. 이에 불안을 느낀 것인지 요시무네는 이에야스의 도쿠가와 가문의 단절 방지책인 고산케를 답습하여 고산쿄御三卿를 설립했다. 즉 차남 무네타케의 다야스가田安家, 4남 무네타다의 히토쓰바시가一橋家, 손자 시게요시의 시미즈가淸水家이다. 고산쿄는 고산케와 같이 쇼군의 후계자가 단절될 경우 쇼군을 세울 수 있다. 고산쿄는 번을 갖지 않고 막부로부터 각각 10만 석이 지급되며, 에도성 안에 거주해야 한다. 쇼군 무네요시는 고산쿄를 창설하여 자신의 자손이 쇼군에 오를 수 있는 길을 닦아 놓은 것이다. 실제로 8대 요시무네 쇼군 이후 제13대 쇼군 이에사다까지 쇼군직은 모두 요시무네 핏줄이 차지했다.

무네요시는 교호 개혁보다는 막부의 존속 장기화에 남긴 공적이 크다고 하겠다.

요시무네가 추진한 교호 개혁은 부분적으로는 주목할 만한 성과를 거두었다. 그러나 쌀 중심의 경제와 화폐 경제의 모순을 극복하지 못한 채 요시무네는 환갑을 맞이한 1745년 9월에 쇼군직을 장남 이에시게家重에게 이양하고 에도성의 니시노마에서 오고쇼로 지냈다. 은퇴 후 쇼군의 후견인 노릇을 할 작정이었으나 은거 다음 해에 중풍으로 쓰러져 정치에는 관여할 수 없었다. 영조 24년(1748)에 홍계희를 정사로 한 9대 쇼군 이에시게 즉위 축하 사절단도 접견할 수도 없었다. 결국 요시무네는 1751년에 향년 67세로 생을 마감했다.

칼럼

통신사가 본 쇼군 요시무네

홍치중^{洪致中}(1667~1732) 정사를 비롯 4백여 명으로 구성된 제9회 통신사 일행은 숙종 45년⁽¹⁷¹⁹⁾ 4월 11일 한성을 출발, 부산을 경유하여 9월 27일 에도에 도착하였다.

10월 1일, 에도성 내의 접견실에서 요시무네 쇼군에게 조선 국왕의 국서를 전달하는 의식이 거행되었다. 무명옷을 걸친 쇼군이 자리에 착석하자 식부관이 정사 홍치중, 부사 황준黃璿, 종사관 이명언李明彦 등 3사의 성명과 관직을 큰 소리로 소개하였다. 쇼군은 고개를 끄덕거렸다. 쓰시마 도주 소 요시노부宗義誠가 통신사의 수석 역관으로부터 국서를 받아 식부관에게 넘겨주고, 식부관이 국서를 쇼군 앞에 있는 탁자 위에 조심스럽게 올려놓았다. 이로써 국서 전달식은 무사히 끝난 것이다.

숙종이 요시무네 쇼군에게 보낸 국서는 "조선 국왕서, 조선 국왕 이돈李焞 봉서, 일본국 대군 전하"로 시작하여 100자 정도의 본문, 그리고 "기해년 4월 조선 국왕 이돈"이 전부이다. 국왕이나 조상의 이름을 함부로 쓰지 못하게 하는 피휘의 관습이 동아시아 문화권에는 아직 남아 있었는데 숙종의 실명 '이돈李焞'이 국서에 명기되어 있어 특이하게 보인다.

제술관 신유한申維翰은 서너 칸 떨어져 주렴 너머로 어른거리는 쇼군의 모습을 훔쳐보았다. "매섭고 야윈 편이며, 얼굴은 희면서 약간 누르고, 살은 찐 편이나 뚱뚱하지 않은" 모습이라고 그의 일본 견문록 『해유록海游録』에 적고 있다. 또한 신유한은 쇼군 요시무네의 "정치는 후하고 질박함을 우선으로 하여 궁핍한 백성을 어루만지고, 사람이 죽을죄를 범하면 코나 발을 베어 사형을 대신하게 하여 백성들이 칭송하지 않는 이가 없다"고 격찬하고 있다.

정사 홍치중 일행은 1720년 1월 24일 무사히 한성에 귀착하였다. 홍치중은 일본 방문에 대해 세자에게 보고한 가운데 "쇼군 요시무네는 검소하여 무명옷을 입기 때문에 중신들도 이를 따르고 있다"고 했다. 또한 매사냥을 가서 날이 어두워지면 촌락에 머문다고 했다. 신하들이 위험하다고 간언하면 "쇼군의 덕이 백성에게 미치면 광야에서 자더라도 상처를 입는 일은 없을 것이며, 은덕이 미치지 못하면 구중궁궐에 있다고 하더라도 위험할 것"이라고 응답했다고 한다.

통신사의 요시무네 쇼군에 대한 평가는 이례적이라고 할 정도로 호의적인데 이는 동아시아의 안정과 조일 양국의 우호 관계를 상징적으로 보여준 것이라 하겠다.

제9대 쇼군
도쿠가와 이에시게 德川家重

제9대 쇼군 도쿠가와 이에시게는 막부 중흥의 영주英主로 일컬어지는 8대 쇼군 요시무네의 장남으로 태어났다. 생모는 측실로 기슈 번주의 가신의 딸이다. 흔히 왕대밭에 왕대 난다고 하지만 이에시게는 부친과는 딴판이었다. 그는 어려서부터 병치레가 잦은 데다 말도 분명치 않아 알아듣기가 어려웠다. 쇼군 요시무네는 병약한 장남의 장래를 생각하면 제대로 잠을 잘 수가 없었다. 그래서 열세 살의 아들에게 하급 무사 출신인 오오카 다다미쓰大岡忠光(1709~1760)를 시동으로 붙여 주었다.

다다미쓰는 기거를 같이하면서 두 살 아래의 이에시게를 친동생처럼 알뜰살뜰 보살폈다. 다다미쓰는 신기하게도 이에시게가 입안에서 우물거리는 말을 알아듣는 재주를 익혀 이에시게의 유일한 소통자가 되었다. 다다미쓰가 잠깐 자리를 비운 사이에 이에시게가 중얼거리면 주위에서 다다미쓰를 찾느라고 야단법석을 떨었다.

쇼군 요시무네는 당대 제일의 학자를 초빙하여 이에시게에게 제왕학을 교수했으나 전혀 흥미를 보이지 않고 장기, 노와 같은 예기와 주색에 빠져들었다. 팔삭둥이 같은 이에시게가 기이하게도 장기 실력 하나는 수준급이었다. 그는 구중궁궐인 오오쿠에 처박혀 시녀들을 상대로 술판을 벌이고, 취하면 시녀들의 치맛자락을 잡으려고 이리 뛰고 저리 뛰고 하였다.

한편 네 살 터울의 동생 무네다케宗武(1715~1771)는 영민하기로 소문난 수재였다. 열네 살에 성인식을 올릴 때 아버지 요시무네 쇼군과 중신들이 지켜본 가운데 『논어』 20편을 술술 암송하여 주위 사람들을 놀라게 하였다. 이후 중신들 사이에서는 동생이 쇼군감이라고 쑥덕거렸다. 요시무네 쇼군은 병약하고 언어장애가 있는 장남과 건강하고 영특한 차남 중 누구를 후계자로 삼을지를 두고 불면의 밤을 지새웠다. 이런 중에 요시무네의 개혁 정책을 20년간이나 충실하게 뒷받침한 로주 마쓰다이라 노리사토松平乘邑(1686~1746)가 막부의 장래를 위해 차남 무네다케를 후계자로 정하라고 진언하였다. 쇼군은 고개를 끄덕였지만 속으로는 기역 자를 긋고 있었다. 자신이 숭앙하는 막부의 개설자 이에야스가 정한 대로 '장유유서의 원칙'을 고수하기로 이미 마음을 굳히고 있었던 것이다.

역사를 되돌아보면 가마쿠라 막부와 무로마치 막부가 장유유서를 무시하고 형보다 뛰어난 아우를 후계자로 세운 것이 결국 막부 붕괴의 화근이 되었다. 이를 반면교사로 삼아 요시무네는 영민한 차남 무네다케를 17세 때 분가시켜 고산쿄의 하나인 다야스가를 세우도록 하였다. 또한 요시무네 쇼군은 후환을 없애기 위해 차남 요시다케를 쇼군으로 추천한 충신 마쓰다이라 노리무라를 해직하고 은거를 명하였다. 노리무라는 충정을 몰라주는 주군을 원망하면서 지내다 61세로 생을 마감했다.

요시무네 쇼군은 1745년 34세의 장남 이에시게에게 쇼군직을 이양하고 은거에 들어갔다. 은거 후 얼마 안 되어 요시무네는 중풍으로 쓰러져 이에시게의 정치에 콩이니 팥이니 할 수가 없었다. 결국 그는 은퇴 6년 후인 1751년 향년 67세로 타계했다. 그런데도 막정은 별 문제 없이 굴러갔다. 그것은 요시무네가 병약한 아들의 장래를 걱정하여 유능한 중신에 의해 막정이 운영될 수 있는 시스템을 구축해 놓았기 때문이다. 요시무네는 실로 명군이라고 할 수 있지만 한

제9대 도쿠가와 이에시게

德川家重, 1711~1761

생몰년(향년) : 1711년 12월 21일 ~ 1761년 6월 12일(50세)

재직연대(기간) : 1745년 11월 2일 ~ 1760년 5월 13일(14년 6개월)

사인 : 뇌성마비 추정 신장 : 156.3cm 측실 수 : 2명 자녀 수 : 2명

편 이러한 시스템의 구축으로 쇼군의 로봇화가 진행되어 역설적으로 요시무네 쇼군 이후 명군은 출현하지 않게 되었다.

한편 이에시게의 9대 쇼군 취임에 쾌재를 부른 이는 다름 아닌 오오카 다다미쓰였다. 이에시게의 시동으로 인연을 맺어 이에시게가 쇼군에 오를 때까지 20년간 최측근이자 유일한 소통역으로 보좌한 그의 출세는 따놓은 당상이었다. 아닌 게 아니라 3천 석 집안의 아들이었던 그는 2만 3천 석의 다이묘로 급상승하더니 마침내는 쇼군의 측근인 소바요닌이 되어 막강한 권력을 휘둘러 '관직의 도매상'이라는 별명도 얻었다.

이에시게 쇼군은 부친 요시무네와는 달리 막정을 직접 챙기지 않고 중신들에게 일체를 위임했다. '막부 중흥의 영주'인 선대의 위력에 가려진 무능한 쇼군이었다. 또한 야뇨증 등으로 건강에도 문제가 많았다. 1년에 한 번 도쿠가와가의 위패를 모신 우에노의 간에이지寬永寺를 참배해야 했는데, 에도성에서 간에이지에 이르는 연도에 쇼군 전용의 임시 화장실이 30여 개나 임시로 설치되어 '빈뇨증 쇼군'이라는 달갑잖은 별명이 붙었다.

이에시게가 즉위한 지 10년쯤 될 무렵에 아키다 출신의 의사이자 사상가인 안도 쇼에키安藤昌益(1703~1762)가 막부를 정면으로 비난하고 나섰다. "쇼군을 비롯한 관리들은 서민의 땀 어린 결실을 수탈하는 악인이다. 서민들로부터 세금 착취를 당장 그만두고 생산 활동에 나서라"고 외쳤다.

에도 중기에 이와 같은 괴짜 사상가가 있었다는 것은 오랫동안

일본인과 쇼군

알려지지 않았으나 그의 저작 「자연진영도自然眞營道」가 1900년에 발견됨으로써 그의 존재가 세상에 알려지게 되었다. 반막부·반봉건 사상이 움트기 시작한 조짐이었다. 이에시게 치세기는 교호 개혁의 연장선상에서 비교적 안정적 시대라고 일컬어지고 있으나, 실제로는 교호기(1716~1736)에 각지에서 무장 봉기가 빈번히 발생하고 대규모화되어 막부정치가 동요되기 시작하였다.

유일한 소통자로 이에시게 쇼군을 30여 년간 모셔온 오오카 다다미쓰는 오십 줄에 들어서자 건강이 많이 나빠졌다. 자신이 죽은 다음에 쇼군을 누가 보좌할 것인가를 고민한 나머지 다다미쓰는 이에시게 쇼군에게 쇼군직을 22세의 장남 이에하루에게 이양하라고 읍소했다. 놀랍게도 이에시게 쇼군은 역정을 내지 않고 그의 충정어린 진언을 받아들여 다다미쓰가 세상을 떠날 무렵인 1760년 5월에 장남 이에하루에게 쇼군직을 이양하였다. 이는 두 사람 간의 신뢰 관계가 예사롭지 않음을 보여준 증좌이다. 이에시게 쇼군은 지병인 배뇨장애로 고생하다 1761년 50세로 생을 마감했다.

제10대 쇼군
도쿠가와 이에하루 德川家治

도쿠가와 이에하루는 9대 쇼군 이에시게의 장남으로 태어났다. 초대 쇼군 이에야스가 확립한 장유유서의 원칙에 따라 쇼군 승계가 이루어지던 당시 이에하루는 태어나면서부터 쇼군에 내정된 것이나 다름없었다. 이에시게의 생모는 쇼군 정실의 시녀 출신이다. 도쿠가와 15대 쇼군 중 정실 소생은 초대 이에야스, 3대 이에미쓰, 15대 요시노부 3명뿐이고 나머지는 모두 측실 소생이었다. 정실은 대체로 교토의 황실이나 귀족의 핏줄이었으나 한결같이 가냘프고 허약하여 애를 낳아 기르지도 못하고 제명대로 살지 못했다. 한편 조선의 경우, 27명의 국왕 중 후궁 소생은 4명에 불과했다.

이에하루는 병약한 부친 이에시게와는 달리 타고난 건강에다, 매우 영특하여 장래가 촉망되었다. 조부 요시무네 쇼군은 손자에게 기대를 걸고 제왕학을 전수하고, 당대 일류의 유학자, 무예가, 포술가 등을 개인 교사로 붙여 주었다. 이에하루는 문무를 겸비하는 쇼군의 길을 착실히 걸었다. 어느 날 조부 요시무네 쇼군이 열 살이 채 안 된 손자에게 습자지를 주면서 '용龍' 자를 초서체로 써보라고 하였다. 이에하루는 쇼군과 중신들이 지켜보는 가운데 붓에 먹물을 듬뿍 묻혀 쓰기 시작했다. 그런데 저런, 글씨를 너무 크게 써서 마지막에 점을 찍을 여백이 없게 되었다. 모두들 숨을 죽이고 지켜보고 있는데, 이에하루는 조금도 망설이지 않고 다다미 위에다 점을 찍는 것이 아닌가.

요시무네는 손자 녀석의 기개와 도량이 쇼군의 그릇이라고 칭찬하면서 흐뭇한 표정을 지었다. 이에하루는 다재다능했다. 유학이나 무예뿐만 아니라 그림, 바둑, 장기 실력도 수준급이었다. 훗날 장기에 관한 책을 저술하는가 하면, 고화를 모사하면 진품과 구별이 안

제10대 도쿠가와 이에하루

德川家治, 1737~1786

생몰년(향년) : 1737년 5월 22일 ~ 1786년 8월 25일(49세)

재직연대(기간) : 1760년 9월 2일 ~ 1786년 9월 8일(26년)

사인 : 심부전   추정 신장 : 153.5cm   측실 수 : 2명   자녀 수 : 4명

될 정도였다고 한다.

1760년 가을, 이에하루는 마침내 주위의 기대와 축복을 받으며 24세의 나이로 제10대 쇼군에 올랐다. 이에하루에게 쇼군학을 전수한 조부 요시무네는 타계한 지 이미 10년쯤 되었다. 이에하루는 조부로부터 제왕학을 전수받은, 이를테면 '준비된 쇼군'이었다. 하지만 이에하루는 조부의 기대와는 달리 일본 역사에서 존재감이 없는 쇼군으로 치부된다.

이에하루는 쇼군의 장남으로 태어나 에도의 오오쿠에서 과잉보호를 받아 성장한 탓인지 사내다운 강인함과 과단성이 모자랐다. 이에하루는 자그마치 26년간이나 쇼군직을 지켰지만 이렇다 할 업적을 남기지 못했다. 막부의 정치를 직접 챙기지 않고 로주 다누마 오키쓰구田沼意次(1719~1788)에게 일임하고 그림, 장기, 바둑 등의 잡기로 세월을 보냈다. 무인의 한량화라고 할까, 자신이 그린 '걸작'에는 정사의 바쁜 틈을 내서 그렸다는 의미의 '정사지가政事之暇'라는 낙관을 찍어 보는 이로 하여금 피식 웃게 한다.

일본 역사에서 막부 중흥의 영주로 일컬어지고 있는 8대 요시무네 쇼군의 손자가 어쩌다가 이 지경이 되었을까. 부친 9대 쇼군 이에시게의 책임이 크다. 이에시게 쇼군은 아들에게 "다누마 오키쓰구를 소홀히 대하지 말라"는 유언을 남겼던 것이다. 효성스러운 이에하루는 부친의 유언을 마음에 새기고 오키쓰구를 중용하고 정치를 일임하였다. 하급 무사 집안의 출신인 오키쓰구는 열다섯 살 때 9대 쇼군 이에시게의 시동으로 출발하여 26년간 이에시게를 모시는 동

일본인과 쇼군

안 이례적인 출세를 거듭하여 1772년 막부의 수반 격인 로주로 출세하였다.

일반적으로 모시던 주군이 서거하면 중신들도 교체되는 것이 관례이었으나 오키쓰구는 해임되기는커녕 선대 쇼군의 유언으로 이에하루 쇼군 집정기에도 승승장구하여 세력이 빨래줄 같았다. 그의 저택에는 출세하기 위해 뇌물 보따리를 싸들고 온 방문객으로 문전성시를 이루었다. 다누마 오키쓰구는 쇼군을 정치적으로 개안시키려는 유력자나 학자들의 움직임을 교묘하게 배제하고 쇼군의 탈정치화를 유도하였다.

오키쓰구는 에도 시대에 보기 드문 경제에 밝은 정치가였다. 당시에는 쌀이 경제의 중심이었으나 쌀 수확량과 가격이 일정치 않아 막부 재정은 흐렸다 개기를 반복했다. 오키쓰구는 경제의 중심을 화폐로 전환하기 위하여 전답 개발, 상공인의 동업조합 공인, 화폐 주조, 외국 무역 확대 등의 중상주의 정책을 적극적으로 추진하였다. 이러한 과정에서 오키쓰구는 매관매직과 유력 상인들로부터 뇌물을 챙겨 '뇌물 정치가'라는 별명이 붙었다.

한편 다누마 오키쓰구의 상업 자본을 이용한 성책 추진으로 막부 재정은 일시적으로 호전되었으나 기근, 화산 분화 등의 자연 재해 빈발로 인해 근본적으로 해결되지 않았다. 게다가 오키쓰구의 장남, 오키모토가 아버지의 권세를 믿고 떵떵거리다 1784년 에도성 내에서 피살되는 사건이 발생하였다. 아들이 살해된 사건을 계기로 2년 후 다누마 오키쓰구도 면직됨으로써 다누마 부자의 전횡은 종말을 고했다.

다누마 오키쓰구가 로주로서 정치의 실권을 장악하여 중상주의적 정책을 펼치던 시대(1767~1783)를 일본 역사에서는 '다누마 시대'라고 일컫고 있다. 일본 중고등학생에게 '다누마 시대의 쇼군이 누구였나요' 물으면 제대로 답을 못하는 학생이 수두룩하다. 이처럼 이에하루 쇼군은 가신의 그늘에 가려진 쇼군이었다.

이에하루 쇼군은 슬하에 2남 2녀를 두었으나 장남 이에모토만 제대로 성장하였다. 그러나 이에모토가 17세 때, 매사냥에서 돌아오는 길에 발병하여 급사하고 말았는데 다누마에 의한 독살설도 나돌았다. 이에하루는 고산쿄의 일족인 마쓰다이라 사다노부松平定信를 입양하고자 하였으나 오키쓰구가 농간을 부렸다. 유능한 사다노부가 이에하루 쇼군의 후계자가 되면 자신의 정치적 입지가 좁아질 것으로 보고 오키쓰구가 사다노부를 다른 가문의 양자로 보내게 했다. 이에하루 쇼군은 어쩔 수 없이 쇼군의 후계자를 낼 수 있는 고산쿄의 하나인 히토쓰바시가의 이에나리를 서둘러 양자로 들여야 했다.

이에하루 쇼군은 후계자인 장남을 잃은 지 2년쯤 지난 1786년 50세로 병사하였다. 쇼군의 타계로 별 볼일 없는 신세가 된 다누마 오키쓰구는 로주에서 파면된 데 이어 영지와 저택도 몰수되어 쓸쓸하게 지내다 쇼군 이에하루 서거 2년이 되던 1788년 69세에 황천길을 떠났다.

여담. 10대 도쿠가와 이에하루 쇼군 때, 1764년 제11회 통신사의 정사로 일본을 방문한 조엄은 조선의 대일 외교 관계의 일익을 담당한 동래부사를 역임한 경력의 소유자이다. 그럼에도 그는 일본의 풍속, 법제, 의복, 음식 등은 짐승과 같은 수준을 벗어나지 못하고 있다고 『해사록海槎錄』에서 혹평하고 있다. 조엄이 일본의 문물을 폄하하면서도 일본의 물레방아, 절구 등을 조선에 도입하려고 했던 점이나 쓰시마에서 구한 고구마 종자를 재배토록 한 자세는 평가할 만하다. 고구마는 조엄이 기대한 대로 감자와 더불어 요긴한 구황 작물이 되었다. 고구마는 일본어로 '사쓰마이모薩摩芋'라고 하지만 쓰시마에서는 '고코이모孝行芋'라고 부른다. 우리말의 고구마는 '고코이모'에서 유래된 것이다.

칼럼

네덜란드어 해부학 원서 번역·출간

10대 도쿠가와 이에하루 쇼군의 치세기인 1771년 3월 4일, 에도의 고즈카하라小塚原 사형장의 한 장면. 3명의 한의사들이 독일인 아담 쿨무스J. A. Kulmus의 『해부도보解剖圖譜』의 네덜란드어 번역본 『타헤르·아나토미아』를 손에 들고 사형수의 해부 장면을 지켜보고 있다. 고즈카하라 형장은 현재 도쿄의 동북쪽 아라카와구荒川區에 있는 사형장으로 에도 시대에 20만 명 이상의 사형수가 처형된 곳이다.

머리가 하얀 백정이 사체를 능숙한 솜씨로 절개하면서 기관器管을 하나씩 들어 보였다. 의사들은 실물이 『타헤르·아나토미아』의 해부도와 너무나도 일치하여 탄성을 연발하였다. 폐와 간의 구조, 위장의 위치 및 형태가 그때까지 자신들이 애용한 중국 의서와 다르다는 것을 알았다. 오랜 의문이 풀리는 순간이자 한방漢方과의 결별을 고하는 자리이기도 하였다.

참관한 한의사 스기타 겐파쿠杉田玄白, 마에노 료다쿠前野良澤, 나카가와 준안中川淳庵 등 세 사람은 돌아오는 길에 249페이지의 『타헤르·아나토미아』를 번역하기로 뜻을 모았다. 이튿날 3월 5일, 그들은 료타쿠의 자택에 모였다. 당시 마에노 료타쿠 48세, 스기타 겐파쿠 38세, 나카무라 준안 32세. 변변한 사전 한 권도 없는 시대에, 700~800개의 단어를 이해하고 있다고 하는 료타쿠를 중심으로 네덜란드어 해부학 원서를 번역하겠다고 나섰다. 이는 분명히 무모한 도전이었다.

그들은 본업인 번의 의사 직무를 수행하는 한편 한 달에 6~7회 모여 원서를 윤독하고 단어 하나하나에 대해 그 의미를 곱씹어 가며 토론하였다. 어떤 때에는 한 줄의 문장을 번역하기 위해 사흘 동안이나 씨름을 하기도 했다. 겐파쿠는 그날의 윤독과 숙의 결과를 토대로 밤늦게까지 원고를 작성하여 다음 모임 때 원고를 가지고 와서 다시 검토하였다. 그들은 번역을 시작한 지 4년이 지난 1774년 8월, 네덜란드어 원서를 『해체신서解體新書』라는 서명으로 출판하는 쾌거를 이루었다. 『해체신서』의 발간으로 서양 의학의 실증성의 인

식이 널리 퍼지게 되었으며, 아울러 네덜란드어로 써진 서적의 번역
이 활발해졌다. 한편 '신경', '연골', '동맥', '처녀막' 등은 한의학서에
등장하지 않은 단어로서 료타쿠 등이 만들어 낸 조어로서 오늘까
지 생명력을 이어가고 있다. 『해체신서』 간행 50년 전인 1724년에
복간되어 일본 의사들을 사로잡은 『동의보감』은 잊히게 되었다.

스기타 겐파쿠는 말년에 회고록 『난동사시蘭東事始』를 집필하였
다. 그는 회고록에서 난학과 의학을 평생의 업으로 삼고 살아온 자
신의 인생에 대해, 특히 서너 명으로 시작한 난학이 자신의 생존 중
에 급성장한 데 대해 만족감을 드러냈다. 그는 의사로서는 드물게
73세 때 11대 쇼군 도쿠가와 이에나리를 배알하는 영광을 누렸다.
1817년 4월 85세로 영면하였다.

제11대 쇼군
도쿠가와 이에나리德川家齊

도쿠가와 이에나리는 고산쿄의 하나인 히토쓰바시가의 2대 당주
하루나리治齊의 장남으로 태어났다. 고산쿄는 8대 쇼군 요시무네가
쇼군의 후계자가 단절될 경우, 자신의 자손이 쇼군직을 계승할 수
있도록 두 아들과 손자로 하여금 창설한 다야스가, 히토쓰바시가,
시미즈가를 지칭한다.

10대 쇼군 이에하루의 후계자 이에모토가 매사냥을 갔다가 돌

아오는 길에 득병하여 열일곱 살의 나이로 급사했다. 이에 따라 막부는 서둘러 히토쓰바시가의 여덟 살의 히토쓰바시 이에나리一橋家齊를 입양하여 후계자로 삼았다. 이에나리는 이에하루 쇼군의 서거 8개월 후, 1787년 4월 제11대 쇼군에 올랐다. 열네 살의 청춘이었다.

이에하루 쇼군 시대에는 화산 분출, 홍수, 기후 불순 등으로 흉년이 들고 전염병이 유행하여 굶주림과 질병으로 사상자가 속출한 데다 약탈과 파괴 소동이 빈발하였다. 이에나리는 1787년 5월 쇼군 취임 직후, 선대 쇼군 시대에 권세를 부리던 다누마 오키쓰구를 면직하고 동북 지방의 시라카와 번주로서 기근 대책에 수완을 발휘한 마쓰다이라 사다노부(1758~1829)를 수석 로주로 기용하였다.

로주 사다노부와 쇼군 이에나리는 8대 쇼군 요시무네의 핏줄로 사다노부는 요시무네의 손자, 이에나리는 증손자이다. 혈통의 원근을 따지면 사다노부가 쇼군직에 더 가까웠다. 그러나 막부의 정치를 좌지우지하던 다누마 오키쓰구가 '사다노부 쇼군'이 등장하면 자신의 입지가 좁아질 것이 뻔하여 사다노부를 홋카이도의 시라카와 번주 양자로 보내도록 했던 것이다. 쇼군이 될 뻔했던 사다노부는 15세 연하의 5촌 조카인 이에나리 쇼군을 보필하는 로주로 중앙정치 무대에 등장하게 되었다.

기근과 질병으로 황폐한 농촌과 도시를 되살리고 막부의 안정을 되찾는 것이 급선무였다. 사다노부는 1789년 가을, 다누마 오키쓰구의 중상주의 정책으로 경제적인 곤궁에 처한 하타모토(쇼군의 직속 무사)와 하급 무사 고케닌을 구제하기 위해 기연령棄捐令을 발령하

제11대 도쿠가와 이에나리

德川家齊, 1773~1841

생몰년(향년) : 1773년 10월 5일 ~ 1841년 1월 30일(68세)

재직연대(기간) : 1787년 4월 15일 ~ 1837년 4월 2일(50년)

사인 : 급성 복통   추정 신장 : 156.6cm   측실 수 : 40명   자녀 수 : 57명

였다. 기연령은 하타모토와 고케닌의 대리로서 녹미禄米 수령과 환금 청부를 맡은 특수 금융업자인 후다사시札差에게 무사들에 대한 1784년 이전의 채무를 말소시키고, 1785년 이후의 채무는 이자를 낮추도록 한 조치였다. 당연히 하타모토와 고케닌은 쌍수를 들어 환영했으나 결과적으로는 경제의 침체를 초래하였다.

이뿐만이 아니다. 돈 벌러 도시로 나와 일정한 직업 없이 빈둥거리는 농촌 출신들에게 귀농을 권장하고 오갈 데 없는 노숙자나 부랑자를 수용하여 직업 훈련을 시키는 닌소쿠요세바人足寄場를 에도의 이시카와지마에 설립하였다. 또한 검소와 검약 실시, 남녀 혼욕 금지, 학문과 사상의 통제까지 단행하였다. 사다노부는 1790년 5월 막번체제 확립기의 이데올로기적 지주였던 주자학을 정학正學으로 채택하고 주자학 이외의 다른 유학파는 이학異學으로 간주하고 막부의 교육기관 등에서 가르치는 것을 금지했다. 이 같은 조치는 일본 사회를 하나의 규범으로 통합하려는 시도였다.

1792년에는 가쿠몬긴미學問吟味라는 시험제도를 도입했다. 이는 하타모토·고케닌의 15세의 자제를 대상으로 한 시험인데 1868년 메이지 유신까지 19회 실시되었다. 시험 과목은 경서, 역사, 작문 등이며, 출제는 주자학의 내용에 국한했다. 성적 우수자는 포상하였다. 가쿠몬긴미는 관직 임용이나 승진과는 무관했으나 각 번의 번교藩校 설립을 촉진했으며, 번교는 메이지 정부 전야의 격동기에 활동했던 다수 인재를 배출했다.

사다노부의 이와 같은 일련의 개혁 조치는 조부인 8대 쇼군 요시무네의 교호 개혁을 답습한 것으로 간세이寬政 개혁이라고 한다. 그런데 간세이 개혁이 당초 기대했던 성과를 거두지 못하고 있던 중에 쇼군 이에나리와 로주 사다노부가 충돌하는 사건이 발생하였다.

이에나리 쇼군이 모처럼 효도하는 마음으로 부친 하루사다를 에도성으로 맞아들여 오고쇼라 칭하고 전직 쇼군에 준하는 예우를 하려고 했다. 그러나 사다노부는 전례가 없다면서 이에 반대하였다. 공사가 분명하고 강직한 사다노부와 사치스럽고 방만한 성격의 쇼군 이에나리와는 처음부터 맞지 않았다. 이에나리 쇼군은 할 수 없이 부친에 대한 예우 계획을 거두어 들였으나 속은 편치 않았다.

사다노부가 6년간에 걸쳐 추진한 간세이 개혁은 성과도 신통치 않았던 데다 서민들의 반응도 좋지 않았다. 20세의 성인이 된 쇼군 이에나리는 이때다 싶어 친정을 개시하고 부담스러운 사다노부를 1793년 아예 해임해 버렸다. 당시 사다노부는 한창 일할 나이인 35세였다. 사다노부는 시라카와로 돌아가 후진 양성과 저술로 소일하다가 71세로 타계하였다. 한편 사다노부를 파면한 이에나리 쇼군은 친정을 개시한다고 했으나 실제로는 후임 로주들이 정무를 담당했다. 이에나리는 막부의 정치와 경제의 개혁에 의욕을 보이지 않고 재정이 어려워지면 화폐를 개악하는 임시방편적인 조치를 취해 고비를 넘기곤 했다.

이에나리는 천하의 호색한으로 '물개 쇼군', '종마 쇼군'이라는 악명으로 유명하다. 그는 40여 명의 측실을 들여 아들 28명, 딸 29명, 모두 57명을 얻었으며, 그중 25명이 성인이 되었다. 이에나리는 25

명의 자녀들을 제대로 키울 수가 없어 유력 다이묘가에 양자로 보내거나 시집을 보내 이들에게 떠맡겼다. 다이묘들은 쇼군의 자녀를 받아들이면 가격家格이 높아지고 차입금 경감 등의 혜택을 받았지만 여러 가지 부담도 만만치 않았다.

이에나리 쇼군 치세기에는 에도 시대를 통하여 기근 등으로 인해 농민의 반영주 투쟁인 하쿠쇼잇키百姓一揆가 가장 많이 일어났다. 그가 은퇴하기 2개월 전인 1837년 2월, 오사카에서 40대 중반의 오시오 헤이하치로大鹽平八郎(1793~1837)가 빈민 구제를 기치로 내걸고 반란을 일으켰다. 헤이하치로는 오사카의 관리를 사직하고 사숙私塾, 센신도洗心洞를 개설하여 지행합일의 양명학을 가르친 특이한 경력의 소유자이다. 그는 거사 전에 5만 권이 넘는 장서와 가구 등을 670냥兩(1兩: 8천 엔) 정도로 처분하여 빈민들에게 나누어 주고 봉기했다. 그러나 단 하루 만에 난은 진압되고 헤이하치로는 스스로 목숨을 끊었다. 막부의 관리 출신이 반란을 일으킨 것은 에도 막부 개설 이래 최초의 해프닝으로 내부 붕괴의 조짐이었다. 실제로 에도 막부는 헤이하치로 난이 일어난 30년 후인 1868년 메이지 유신으로 무너지고 만다.

이에나리는 쇼군 재직기간 50년이라고 하는 최장 기록을 세우고 1837년 4월 쇼군직을 44세의 장남 이에요시에게 양위했다. 그러나 양위 후에도 1841년 68세로 세상을 떠날 때까지 은퇴 쇼군으로서 정치의 실권을 장악하였다. 그러나 이에나리 쇼군은 50년간 장기 집권했으나 이렇다 할 치적을 남기지 못했다는 평가이다.

한편 이에나리 시대 후기(1804~1830)에 농업 생산력이 증대되고 전국적인 도로망이 정비되면서 상공업이 발전하여 도시가 발달하였다. 이에 따라 에도, 오사카 등을 중심으로 경제력을 갖춘 조닌町人(상인과 수공업자) 문화가 만개하여 가부키, 하이쿠俳句, 조루리淨瑠璃, 우키요에 등 일본의 전통문화를 발전시켰다는 것은 눈여겨볼 대목이다. 이는 어떤 의미에서 이에나리 쇼군의 호사스러운 생활이 경제 번영으로 성장한 조닌에게 끼친 긍정적 효과의 부산물이라고 하겠다.

칼럼

요승 닛케이, 쇼군을 홀리다

쇼군 이에나리는 40명의 측실 중에서 오미요お美代를 각별히 총애하였다. 오미요의 아버지 닛케이日啓는 에도에서 멀지 않은 지바현의 지센인智泉院의 주지였다. 닛케이는 딸 오미요를 이에나리 쇼군의 시종 나카노 기요시게中野淸茂에게 보내 가사를 돌보도록 하였다. 기요시게는 출중한 미모의 오미요를 보자마자 친하의 호색한 이에나리 쇼군에게 진상하여 점수를 따야겠다는 생각이 순간적으로 들었다.

기요시게는 오미요를 양녀로 삼아 1,500여 명의 미녀들이 똬리를 틀고 있는 에도성의 오오쿠에 넣는 데 성공했다. 아니나 다를까, 이에나리 쇼군은 오미요에게 한눈에 반하여 측실로 삼고, 기요시게에게는 상으로 2천 석의 관직을 내려 주었다.

닛케이 주지는 딸의 미모 덕분으로 쇼군을 독대도 하고, 그의 절, 지센인은 쇼군가를 위해 불공을 접수하는 사찰이 되었다. 또한 쇼군은 닛케이의 새로운 사찰 간노지感應寺 건립을 전폭적으로 지원해 주었다. 간노지는 완공과 동시에 쇼군과의 특별한 관계가 있다는 입소문을 타고 에도의 새로운 명물로 등장하여 행세깨나 하는 사람들의 발걸음이 멈추지 않았다.

10대 쇼군 이에하루의 후계자 이에모토가 사냥에서 돌아오는 길에 갑자기 병을 얻어 3일 만에 급사했다. 그래서 이에나리가 이에하루의 양자가 되어 쇼군에 올랐던 것이다. 이에모토의 사망에 대해 이에나리 부친의 관련설이 나돌기도 했다. 쇼군 이에나리는 1827년 가을, 머리가 지끈거리고 기운이 없어 휴식을 취했지만 좀처럼 회복되지 않았다. 그러자 주위에서 이에모토의 앙화를 받은 것이라고 입방아를 찧었다.

오오쿠의 고참 시녀가 닛케이 주지를 찾아갔다. 닛케이 왈 '이에모토의 혼이 쇼군의 영화를 시샘하고 있는 것'이라고 하면서 원령을 달래야 한다고 훈수했다. 이에나리 쇼군은 이에모토 서거 50주기가 되는 1828년에 이에모토의 혼을 모신 신사를 부랴부랴 신축하고 두 손을 모아 합장하고 머리를 숙였다. 이 같은 성의가 효험이 있었던지 이에나리는 신사를 건립하고 10년 이상이나 더 살았다.

쇼군 이에나리가 1841년 향년 68세로 타계하고 제12대 쇼군 이에요시가 등장하자 요승 닛케이는 밀통 혐의로 체포되어 유배형을 받았다. 그러나 다행인지 불행인지 닛케이는 에도를 떠나기 전에 옥사하여 유배 길 대신에 저승길에 나섰다. 닛케이 딸 오미요는 이에나리 쇼군 서거 후 삭발하고 불교에 귀의하여 조용한 여생을 보냈다고 한다.

제12대 쇼군
도쿠가와 이에요시 德川家慶

도쿠가와 이에요시는 제11대 쇼군 이에나리의 차남으로 태어났다. 형이 겨우 두 살에 요절했기 때문에 장남 대우를 받으며 성장했다. 생모는 이에나리의 측실로 쇼군의 경호를 담당하는 하급 관리의 딸이었다.

쇼군 이에나리는 역대 쇼군 중 최장 재임기간 50년을 기록하고 1837년 봄에 후계자 이에요시에게 쇼군직을 양위하고 오고쇼로 물러났다. 이에요시가 마흔다섯 살 되던 때였다. 당시 일본인의 평균수명이 50세 정도인 상황을 감안하면 이에요시는 늘그막에 쇼군직을 물려받은 셈이다. 그는 쇼군에 취임했시만 부친이 오고쇼로서 수렴청정을 했기 때문에 사실 허울뿐인 쇼군이었다. 때문에 로주 등이 의견을 구하면 "그렇게 하시오"라는 상투적인 대답만 하여 '그렇게 하시오 님'이라는 닉네임이 붙었다.

이에요시가 쇼군으로서 정치적 실권을 행사할 수 있게 된 때는 부친 이에나리가 1841년 68세로 서거한 이후였다. 이에요시는 선대 쇼군 시대에 찬밥 신세였던 로주 미즈노 다다쿠니水野忠邦(1794~1851)를 중용하였다. 다다쿠니는 이에나리 쇼군 시대의 중상주의 정책을 수정하여 농본주의로 회귀하는 개혁에 착수하였다. 아편전쟁이 발발했던 무렵인 덴포天保 12~14년(1841~1843)에 추진되었기에 덴포 개혁이라고 한다. 다다쿠니는 쇼군 이에요시의 전폭적인 신뢰를 배경으로 황폐한 농촌을 부흥시키기 위한 다양한 개혁 정책을 과감하게 추진하였다.

로주 디디쿠니는 이에나리 쇼군 시대의 사치스러운 기풍을 일소하기 위해 쇼군의 이름으로 검약령을 발령하고 화려한 의상과 고급 요리, 사치품을 금지하였다. 모처럼 외출 나온 여성의 옷이 사치스럽다고 하여 노상에서 찢어버려 망신을 주기도 하였다. 심지어 쇼군의 밥상에서 쇼군이 즐겨 먹는 생선 요리에 곁들인 새콤달콤한 생강싹 양념이 사라지기도 했다. 생강싹이 고급 식품이라고 하여 금기 품목으로 지정되었기 때문이었다. 또한 가부키, 교겐 등을 외설스럽다고 하여 공연장을 교외의 아사쿠사로 이전시켰다.

로주 다다쿠니는 또한 물가의 급등이 독점적인 상공업자의 동업 조합인 가부나카마株仲間에 있다고 보고 이를 해산시키고, 도시에서 빈둥거리는 농촌 출신자들에게 귀농 명령을 내리는 등 황폐한 농촌 부흥을 위해 여러 가지 정책을 추진하였다. 그러나 이미 상품·화폐 경제 시대로 진입한 당시에 이와 같은 시대착오적인 복고 정책이 제대로 먹혀들 리가 없었다. 개혁의 성과가 미진한 가운데 다다쿠니는 1843년 에도와 오사카에서 사방 10리(40킬로미터) 안의 번과 가신

제12대 도쿠가와 이에요시

德川家慶, 1793~1853

생몰년(향년) : 1793년 5월 14일 ~ 1853년 6월 22일(60세)

재직연대(기간) : 1837년 9월 2일 ~ 1853년 6월 22일(16년 2개월)

사인 : 열사병 추정 신장 : 154.4cm 측실 수 : 7명 자녀 수 : 29명

의 영지를 막부의 직할지로 수용하는 아게치령上知令을 내렸다. 영지를 수용당하게 된 번과 가신들이 반발이 심상치 않았다. '그렇게 하시오 님'의 별명을 달고 있는 쇼군 이에요시는 이번에는 달랐다. 자신이 직접 나서서 아게치령을 철회하고, 주연보다 빛났던 조연 미즈노 다다쿠니를 파면하였다. 결국 덴포 개혁은 2년간의 단막극으로 끝났다.

다다쿠니가 실각당했다는 소문이 시중에 퍼지자 성난 민중들이 다나쿠니 저택에 몰려들어 돌을 던지는 소동이 일어나기도 했다. 기이하게도 1843년 9월에 파면된 다다쿠니가 다음 해 6월에 불사조처럼 복귀했다. 그러나 8개월 만에 아베 마사히로阿部正弘에게 권좌를 넘겨주고 우울하게 지내다가 1851년 향년 57세로 생을 마감했다.

1840년대 중반 무렵 러시아, 영국, 미국 등의 선박이 일본 해안에 빈번하게 출몰하여 세상이 어수선하였다. 일본은 나가사키의 네덜란드 데지마 상관을 통해 1840년 아편전쟁에서 중국이 영국에 패해 홍콩을 할양하고 상하이 등 5개항을 개방했다는 정보를 입수하였다. 이에 막부는 1842년 7월 이국선 타격령을 폐지하고 일본에 내항한 외국 선박에 대해 석탄과 식료품, 식수 등을 제공할 수 있는 신수급여령薪水給與令을 공포했다.

한편 네덜란드 국왕은 1844년 막부에 개국을 권고하는 친서를 보냈으나 쇠귀에 경 읽기였다. 미국은 북태평양에서의 포경업과 중국과의 무역 확대를 위해 일본을 개국시켜 중간 보급지로서 삼고자 하였다. 이에 따라 제13대 필모어 대통령M. Fillmore(재임 1850.7.9~

1853.3.3)은 1851년 6월 페리M. Perry 제독을 동인도 함대 사령관 및 대통령 특사로 임명하였다. 1852년 크루티우스J. H. Donker Curtius 네덜란드 데지마 상관장商館長은 내년에 미국이 군함을 파견하여 일본에 개국을 요구할 것이라고 귀띔해 주었다.

페리 제독이 4척의 함대(증기 군함 2척, 범선 2척)를 이끌고 1853년 6월에 에도만의 입구인 우라가에 내항하자 에도 연안에 흑선黑船 소동이 일어났다. 전쟁이 난 줄 알고 피난 가려는 사람들로 북새통을 떨었다. 군함을 검게 칠했다고 해서 흑선(구로후네黑船)이라고 했으며 이후 흑선은 자본주의 열강의 일본에 대한 압력의 상징이 되었다. 흑선 내항은 일본의 막번체제가 근대 국가로 전환되는 획기적 계기가 되어 그 후의 민중운동과 정치 방향에 큰 영향을 미쳤다.

페리와 거의 같은 시기에 러시아 사절이자 극동 함대 사령관 푸차친Yevfimy V. Putyatin이 내항하여 통상 등을 요청하였지만 때마침 시작된 크림 전쟁Crimean War(1853~1856)으로 돌아가야 했다. 한편 페리 제독은 개국을 요망하는 필모어 대통령의 친서를 일본 측에 수교하고 내년에 회답을 듣기 위해 다시 오겠다는 말을 남기고 일단 귀로에 올랐다. 친서에서 쇼군을 'Emperor of Japan'으로 표기하고 있는 것이 주목된다. 그런데, 페리가 일본 측에 전달한 친서는 필모어 대통령이 서명한 것으로 필모어 대통령은 페리가 일본에 도착하기 전인 3월 4일 자로 제14대 피어스F. Pierce(재임 1853.3.4~1857.3.3) 대통령으로 교체되었던 것이다. 따라서 페리가 일본에 전달한 국서는 휴지나 다름없는 것이었으나 페리는 이를 짐짓 모른 체하였다.

흑선 소동으로 놀란 것은 서민들만이 아니었다. 이에요시 쇼군은 흑선 내항으로 쇄국과 개국 사이에서 고민하다가 페리 제독이 일본을 떠난 후 6월 22일, 병약한 후계자 이에사다를 로주 아베 마사히로에게 부탁하고 향년 60세로 급사했다. '쇼군'이라는 이름에 걸맞지 않게 '겁쟁이'로 생을 마감했다. 막부에서는 웬일인지 이에요시의 서거를 바로 공표하지 않고 한 달 후인 7월 22일에야 공식 발표했다. 쇼군의 공백기가 생기지 않도록 사망일을 조정했던 것이다.

쇼군 부재중, 수석 로주 아베 마사히로는 페리 내항을 막부의 쇄국 체제를 뒤흔드는 사건으로 판단하여 전례를 깨뜨리고 조정에 보고하는 한편 다이묘들과 막부 중신들을 소집하여 미국 대통령의 친서 내용을 공개하고 의견을 구하였다. 이는 2세기 반 동안의 막부정치에 있어 전무후무한 조치였다. 이를 계기로 막부의 모든 정책들에 대한 논의와 비판의 문이 열렸고, 막부의 위엄과 권위의 급속한 침식이 진행되었다. 막부의 정책 방향을 결정함에 있어 조정에 보고하고 다이묘와 중신들의 자문을 구한 조치는 막부가 바야흐로 말기에 접어들었음을 단적으로 보여준 것이다. 이뿐만이 아니다. 막부는 외국에 대항하기 위해 다이묘의 군사력을 제한한 기존의 정책을 수정하여 사쓰마를 비롯한 웅번雄藩의 군사력 강화 조치를 인정하였다. 그 결과 1868년 도바·후시미鳥羽伏見 전투에서 삿초薩長 도막군倒幕軍이 막부군에 승리하게 되고, 결국 에도 막부 붕괴로 이어지게 된다.

4 | 막부 붕괴기

제13대 쇼군
도쿠가와 이에사다 德川家定

이에사다는 쇼군과는 인연이 먼 4남으로 태어났다. 그러나 형들이 모두 어린 나이에 저세상으로 떠났기 때문에 후계자로 성장했다. 이에사다는 생래 심신이 허약하고 걸핏하면 불끈 성을 내는 불뚱인데다 곰보딱지였다. 게다가 말도 어눌하여 남 앞에 나서기를 싫어했다.

쇼군 이에요시는 이에사다가 자기 핏줄이지만 일찍부터 쇼군감이 못 된다고 생각하였다. 더욱이 일본을 둘러싼 국제적 환경이 긴박해지고 있어 칠칠치 못한 녀석에게 쇼군직을 넘길 엄두가 나지 않았다. 그래서 쇼군직을 승계받을 수 있는 고산쿄의 하나인 히토쓰바시가의 요시노부(15대 쇼군)를 입양할 속셈으로 히토쓰바시가의 저택에 몇 번이나 어려운 발걸음을 하였다. 하지만 중신들의 반대로 좌고우면하다 1853년 6월에 덜컥 타계하고 말았다. 막부에서는 쇼군 이에요시의 서거를 공포하지 않고 비밀에 붙여 쇼군이 와병으로 정사를 볼 수 없다고 둘러댔고, 이 기간 중 에도를 방문한 영국과 러시아 사절들은 본국에 쇼군의 건강 문제로 알현할 수 없었다고 보고를 했다. 한 달쯤 지난 7월 초에야 쇼군의 서거가 정식으로 공포되었다.

이에사다는 부친의 서거 5개월이 지난 1853년 10월, 29세에 13대 쇼군에 취임했다. 그는 쇼군 취임 전까지는 이에사키家祥라고 칭했으나 쇼군 취임과 동시에 이에사다라고 개명했다. 에도 막부 개창자인 초대 쇼군 도쿠가와 이에야스로부터 제12대 쇼군 이에요시에 이르기까지 이름에 부수部首가 들어간 쇼군은 4대 쇼군 이에쓰나家綱와 5대 쇼군 쓰나요시綱吉 둘 뿐이며 공교롭게도 두 쇼군 모두 후계자를 얻지 못했다. 그래서 후계자 탄생을 기대하고 13대 쇼군 내정자 이에사키는 이에사다로 개명하고 쇼군에 취임했던 것이다. 그러나 개명은 헛수고로 끝나고 만다.

이에사다가 쇼군에 취임한 지 6주 정도 지난 무렵, 미국 페리 제독이 1854년 1월에 7척의 군함을 인솔하고 일본에 다시 내항하였다. 작년보다 3척이 많은 7척의 군함에 막부는 막연한 두려움을 느꼈다. 페리는 요코하마 해안에 정박하여 포문을 에도 쪽으로 향하게 하는가 하면 포격하는 자세를 취하는 등 무력을 과시하였다. 포함외교砲艦外交의 전개였다. 한편 로주 아베 마사히로와 페리 제독은 영어와 네덜란드어로 교섭을 진행하여 1854년 3월 시모다下田와 하코다테函館를 개방하는 미일화친조약, 즉 가나가와神奈川조약을 조인하여 일본의 쇄국에 종지부를 찍었다. 아베 마사히로는 미일화친조약을 체결한 다음 1855년 10월, 수석 로주 자리를 홋타 마사요시堀

제13대 도쿠가와 이에사다

德川家定, 1824~1858

생몰년(향년) : 1824년 4월 8일 ~ 1858년 7월 6일(34세)

재직연대(기간) : 1853년 10월 23일 ~ 1858년 7월 4일(4년 9개월)

사인 : 뇌성마비 추정 신장 : 149.9cm 측실 수 : 0명 자녀 수 : 0명

田正睦(1810~1864)에게 넘겼다.

조약 체결에 있어 주목할 만한 점은 조약문을 영어본, 네덜란드어본, 일본어본 그리고 한문본으로 작성하여 비교 검토함으로써 해석상의 오류를 사전에 방지했다는 것이다. 놀랍지 않은가. 일본어본과 영어본을 비교, 검토한 주인공은 나카하마 만지로中浜萬次郎(1827~1898)라는 청년이었다.

만지로는 열네 살 때 어선을 타고 처음으로 출어하여 풍랑을 만나 143일 동안이나 무인도에 고립되었다가 다행히 미국 포경선에 의해 극적으로 구조되었다. 휘트필드 선장의 지원으로 선장의 집이 있는 매사추세츠주의 바트렛 아카데미에서 항해술, 측량술을 공부하여 항해사 자격을 취득하고 1851년 일본을 떠난 지 10년 만에 귀국했다. 막부는 페리 제독의 재방문에 대비하여 1853년 가을 만지로를 무사로 발탁하고 나카하마라는 성을 하사, 무사의 특권인 칼을 차게 했던 것이다. 14세 소년의 왕성한 호기심과 모험심 덕분에 일본은 개국을 전후한 어려운 파도를 한결 쉽게 헤쳐 나갈 수 있었다.

이에 반해 1882년 조선의 조미수호통상조약 체결은 중국 측의 주도로 행해졌으며, 영문본과 한문본의 조약안을 대조 검토한 흔적을 찾아볼 수 없다. 영문본에는 없고 한문본에만 있는 '필수상조必須相助'라는 자구 때문에 조선은 동맹조약으로 착각함으로써, 망국의 마지막 단계에서도 미국에 매달리는 비극적인 장면을 연출했다. 조선의 정치적 엘리트들이 주자학 이외의 학문을 이단시한 지적 풍토가 초래한 참담한 결과였다.

쇼군 이에사다는 일본을 둘러싼 국제적 환경이 급변하는 격동기에도 아랑곳하지 않고 주방에서 요리를 하고, 카스텔라 만들기를 즐겼다. 그는 카스텔라를 직접 만들어 중신들에게 나누어 주어 받는 이들을 곤혹스럽게 하였다. 주위에서 요리, 제과는 쇼군과 어울리지 않는다고 간언했으나 들은 척도 안 했다. 쇼군에 오르기 전, 이에사다는 병상의 부친에게 매일 미음을 쑤어 갖다 드리는 효성스러운 모습을 보였다. 장지문에 구멍을 뚫어 미음을 드는 아버지의 모습을 훔쳐보면서 행복한 표정을 지었다.

이에사다 쇼군이 취임한 지 불과 3년 만인 1857년 히토쓰바시 요시노부一橋慶喜와 기슈가紀州家의 도쿠가와 요시토미德川慶福 간에 쇼군 계승 분쟁이 발생하였다. 이에사다의 나이가 아직 30대 전반이고 21세의 아쓰히메篤姬를 정실로 맞이했기에 대를 이을 가능성은 충분히 있었다. 그러나 쇼군 이에사다가 성적 불구자라는 소문이 계승 분쟁을 부채질한 것이다.

1856년 8월, 해리스T. Harris(1804~1878)가 시즈오카현의 시모다下田 주재 미국 총영사로 부임하였다. 통상조약 체결 전권을 위임받은 해리스는 홋타 마사요시와 통상조약 체결을 협의했다. 1857년 10월 해리스 총영사는 쇼군 이에사다를 예방하고 미일 양국의 '영원한 친선 관계 유대 강화'를 표명한 제14대 피어스 대통령의 친서를 수교하고 자신도 양국 관계의 우호 증진에 진력하겠다고 언급했다. 쇼군은 짧은 침묵 후에 머리를 오른쪽 어깨 뒤로 돌리더니 오른쪽 발로 바닥을 두세 차례 쿵쿵거린 후 피어스 대통령의 정중한 인사에 사의

를 표한다고 짧게 언급하였다. 해리스 총영사의 언급 내용과 쇼군의
대응은 사전에 번역되어 이미 전달되었기에 통역은 필요 없었다.

주의 깊은 독자라면 이미 알아차렸을 터이지만 해리스 총영사가
쇼군을 알현한 1857년 10월에는 피어스 대통령은 임기 종료로 이
미 대통령직에서 물러난 다음이었다. 해리스 총영사는 당연히 피어
스 대통령이 뷰캐넌J. Buchanan(재임 1857.3.4~1861.3.3) 대통령으로 교체된
것을 알고 있었지만 이를 일본 측에 알릴 경우 귀찮은 문제가 발생
할 것을 우려하여 짐짓 모른 체했던 것이다.

한편 로주 홋타 마사요시는 통상조약 조인에 앞서 천황의 칙허를
받기 위해 교토로 올라갔다. 조약 체결은 막부의 전관 사안으로 조
정에 상주할 필요가 없었으나 막부의 권위가 땅에 떨어진 상황에서
다이묘를 통괄하기 위해 조정의 권위가 필요했던 것이다. 그러나 조
정에서 칙허를 불허하여 마사요시는 빈손으로 돌아와야 했다. 엎친
데 덮친 격으로 쇼군 후계자 분쟁에서도 반대파에 패하여 홋타 마
사요시는 자리에서 물러났고 이이 나오스케井伊直弼(1815~1860)가 다
이로에 취임하였다.

다이로 이이 나오스케는 국제 정세로 보아 미국과의 통상조약 체
결은 불가피하다고 판단하여 고메이孝明 천황(재위 1864~1866)의 칙허
를 받지 않고 1858년 6월 19일 독단적으로 미일수호통상조약을 조
인하였다. 미국은 조약문에서 일본의 쇼군을 '대군 폐하His Majesty
Tycoon'로 명기하여 쇼군을 의심할 바 없는 주권자로 간주했다. 이후
일본은 러시아, 프랑스, 영국, 네덜란드와도 잇달아 통상조약을 체결

하게 되며, 이를 '안세이安政 5개국 조약'이라 통칭한다.

한편 미일통상조약 체결 다음 해 해리스 총영사는 초대 주일 특명공사로 임명되어 에도의 아자부麻布에 위치한 젠후쿠지善福寺에 공사관을 개설하였다. 아자부는 일본의 외교 1번가로 오늘날 프랑스·독일·이탈리아·중국·러시아와 한국 대사관 등이 있으며, 바로 옆인 아카사카에는 미국·캐나다 대사관이 있다.

이이 나오스케가 체결한 통상조약은 일본의 관세 주권을 부인하고 미국의 치외법권을 인정하는 불평등 조약이었다. 이 때문에 조정과 유력 다이묘들로부터 비판을 면치 못하게 되었다. 천황을 숭상한다는 '존왕尊王'과 외세를 내쫓는다는 '양이攘夷'를 결합한 존왕양이 운동이 전국적으로 확산되어 반막부 운동으로 급속히 확산하였다. 이에 대해 이이 나오스케는 존왕양이파를 가차 없이 탄압하였다. 구게, 다이묘 등 100여 명을 처벌하고 교육가이자 사상가인 요시다 쇼인吉田松陰(1830~1859) 등 8명을 사형에 처하는 등 강경 일변도로 대응하였다. 이를 안세이 대옥사라고 한다.

쇼군 승계 문제와 미일통상조약 체결을 둘러싸고 조정과 막부와의 관계가 악화일로로 치닫고 있던 중 1858년 7월, 쇼군 이에사다가 한창 때인 34세에 뇌성마비로 급사했다. 병사와 독살설이 엇갈리고 있다. 막부에서는 쇼군의 서거를 약 두 달이 지난 8월에야 공포하였다. 나오스케는 쇼군 후계 문제에 있어 기슈가의 도쿠가와 요시토미의 손을 들어 주었다. 요시토미는 이에모치라는 이름으로 14대 쇼군에 오르게 된다.

한편 이이 나오스케는 독단적으로 미일수호통상조약을 체결하고 쇼군 후계자 문제도 독단적으로 결정하여 존왕양이파로부터 공격의 표적이 되었다. 1860년 3월, 이이 나오스케가 등성하는 도중에 에도성의 사쿠라다몬가이櫻田門外에서 피살된 사건이 발생했다. 메이지 유신 8년 전이었다. 막부의 최고직인 다이로가 백주에 피살된 미증유의 사건으로 막부 종막의 발걸음이 빨라지게 되었다.

제14대 쇼군
도쿠가와 이에모치德川家茂

제13대 쇼군 이에사다는 병약하여 후계자 탄생을 기대할 수 없어서 쇼군 계승 문제가 일찍부터 거론되었다. 도쿠가와 요시토미를 지지하는 난키파南紀派와 히토쓰바시 요시노부를 옹립하려는 히토쓰바시파 간의 대립이 격화되었다. 1858년 4월, 난키파의 이이 나오스케가 막부의 최고직인 다이로에 취임, 요시토미를 후계자로 결정하여 일단락되었다. 그해 여름에 쇼군 이에사다가 병사하자 12세의 소년 요시토미가 쇼군에 취임하고 이에모치家茂로 개명하였다.

이에모치는 와카야마 번주 도쿠가와 나리유키德川齊順의 장남으로 총명하고 지혜로운 쇼군이었다. 만약 이에모치가 평화로운 시대에 태어났더라면 명군으로 이름을 날렸을 것이다. 하지만 이미 때는 막부 말기에 접어들었다. 이에모치 쇼군이 7년 9개월간 재임한 기간

제14대 도쿠가와 이에모치

德川家茂, 1846~1866

생몰년(향년) : 1846년 윤5월 24일 ~ 1866년 7월 20일(20세)

재직연대(기간) : 1858년 12월 1일 ~ 1866년 8월 11일(7년 8개월)

사인 : 심부전 추정 신장 : 156.6cm 측실 수 : 0명 자녀 수 : 0명

중에는 정치적으로 존왕양이론尊王攘夷論과 공무합체론公武合體論이 교차하는 격동의 시대였다. 존왕양이론은 쇼군 대신에 천황을 통치의 중심으로 한다는 '존왕'과 통상을 요구하는 서양을 침입자로 간주하여 배척하는 '양이'가 합쳐진 사상으로 막부 말에는 존왕도막尊皇倒幕으로 발전하였다.

나날이 정세가 급변하는 가운데 1860년 3월 3일 아침 삼엄한 호위 속에 에도성으로 등청하는 막부의 최고 권력자 이이 나오스케가 에도성, 사쿠라다몬가이에서 미토와 사쓰마 번의 낭사들에 의해 암살되었다. 곤경에 처한 막부는 조정의 공公과 막부의 무武의 제휴, 즉 공무합체公武合體를 통해 정국의 안정을 도모하고자 했다.

공무합체의 구체적 방안으로, 막부는 고메이 천황의 배다른 여동생 가즈노미야和宮(1846~1877)와 쇼군 도쿠가와 이에모치의 결혼을 조정에 청원했다. 결혼이 성사되면, 막부로서는 개국과 양이 문제를 둘러싸고 대립해 온 막부와 조정의 관계 개선을 내외에 부각시키고 나아가 조정의 권위를 이용하여 반대 세력을 보다 쉽게 제어할 수 있을 것이라 생각한 것이다.

조정의 실력자들은 막부정치에 대한 조정의 영향력을 확대할 좋은 기회로 보고 결혼을 적극적으로 추진하려 했다. 그러나 양이론자인 고메이 천황은 막부의 청원을 선뜻 응낙하지 않았다. 막부가 임의로 미국, 영국 등의 열강과 통상조약을 맺은 것을 못마땅하게 여기고 있었던 것이다. 또한 가즈노미야는 여섯 살 때 황족 아리스가와 다루히토有栖川熾仁(1835~1895)와 정혼한 상태로 조만간 식을 올릴 예정이었다.

고메이 천황은 자신보다 열다섯 살 어린 여동생 가즈노미야를 각별히 아끼고 가엽게 여겼다. 아버지 닌코仁孝 천황은 가즈노미야가 태어나기 다섯 달 전에 타계했고, 모친은 출산 후 삭발하고 불교에 귀의했기 때문이다. 천황은 고아 아닌 고아가 된 여동생을 늘 안쓰럽게 여겼다. 또한 황녀를 인질이나 다름없는 상황으로 몰아넣는 것은 떳떳하지 못하다고 생각했고, 현실적으로 가즈노미야가 낯선 에도 생활에 제대로 적응할 수 있을지도 의문이었다.

조정 내에서도 막부의 청혼에 대해 찬성파와 반대파로 갈라져 결론을 못 내리고 있었는데, 막부는 조정에 다시 간청함과 동시에 반대파 고관들에게 압력을 가했다. 이에 가즈노미야의 정혼자인 아리스가와는 황녀를 맞이하기에는 현재의 저택이 비좁다고 하면서 혼인식의 연기를 요망했고, 혼약은 사실상 없던 일이 되고 말았다. 사태가 이렇게 흘러가자 막부로 시집을 가지 않겠다고 하던 가즈노미야도 공무합체의 구현으로 천하평화를 이루기 위해 한 몸 희생하겠다는 각오로 천황의 뜻에 따르겠다고 나섰다.

결국 고메이 천황은 결혼을 허가하는 조건으로 막부에 쇄국 정책의 실시와 양이의 단행을 요구하였다. 하지만 이미 통상조약을 체결해 국제 사회에 진입한 일본이 새삼스럽게 쇄국으로 회귀한다는 것은 어불성설이었다. 막부는 조정의 체면을 고려해 마지못해 양이정책을 취하겠다고 답했으나, 이는 누가 보더라도 실행 불가능한 일이었다. 1861년 10월 20일, 가즈노미야가 아버지 같은 오빠 고메이 천황에게 눈물의 하직 인사를 올리자 천황도 눈시울을 적셨다. 이 것이 살아생전 마지막이 될 줄은 아무도 몰랐을 것이다. 기구하게도 그로부터 5년 후, 오빠인 천황과 남편인 이에모치 모두 저세상 사람 이 되고 말았다.

가즈노미야가 에도를 향해 떠날 때 수행 인원은 천여 명에 달했 다. 막부는 12개 번을 동원해 가마를 경호하도록 했고, 교토에서 에 도에 이르는 500여 킬로미터에 달하는 나카센도中山道에는 29개 번 을 동원해 엄중히 경계했다. 교토를 출발한 지 스무날 쯤 지났을까, 가즈노미야는 아랫배에 약간의 통증을 느꼈다. 당시 열다섯 살인 그 녀는 에도로 가는 길에 초경을 치렀다. 가즈노미야는 나이에 비해 체구가 작고, 발육이 늦었던 모양이다. 12월 15일 일행은 무사히 에 도에 도착했다.

해가 바뀐 1862년 2월 11일, 열여섯 살 동갑내기 한 쌍은 마침내 혼례 의식을 거행하여 명실공히 공무합체의 구현을 대내외에 알렸 다. 비록 정략결혼이었지만, 일기와 기록 등을 살펴보면 역대 쇼군 들의 정실들 중에서 가장 금실이 좋았다고 한다. 가즈노미야와 이 에모치 모두 유복자였다. 이에모치 쇼군의 부친은 아들이 태어나기 16일 전에 병사했다고 한다. 또한 동갑이었던 이에모치는 가즈노미 야보다 2주 늦게 태어났다. 거의 같은 때 태어나 둘 다 아버지 얼굴 을 본 적이 없다는 묘한 인연으로 그들은 오순도순 지냈다.

천황이나 쇼군의 부인에게 가장 큰 임무는 건강한 사내아이를 조 속히 출산하는 것이었다. 하지만 삼신할머니가 심술을 부리는지 가

즈노미야는 임신이 되지 않았다. 임신의 낌새가 있어서 의사를 불렀지만 의사는 번번이 고개를 젓고 돌아갔다. 그 후 시어머니의 따가운 시선 때문이었는지 가즈노미야는 남편에게 측실을 두라고 권유하기도 했다. 어느 날 쇼군 직속 무사들의 딸 중에 미모가 뛰어난 아가씨 10명을 골라 겨드랑이가 드러나는 '후리소데振り袖' 차림으로 정원을 산책하도록 했다. 약간 높은 자리에 앉아 그들을 바라보던 가즈노미야가 두 사람 정도를 측실 후보로 추천했으나 쇼군은 "서둘 것 없소"라고 하며 자리를 떴다.

쇼군이 가즈노미야와의 청혼 때 천황에게 양이의 결행을 약속했기에 1863년 3월 고메이 천황이 양이의 기원을 위해 가모신사賀茂神社에 행차할 때 이에모치 쇼군도 따라 나서야 했다. 천황이 탄 가마, 봉련鳳輦의 뒤를 말을 탄 쇼군이 비를 맞으며 천천히 뒤따르고 있다. 길 양편에서 이 광경을 지켜 구경꾼들은 '아, 저런, 저런'을 연발했다. 쇼군의 추락이 만천하에 드러난 순간이었다. 이에모치 쇼군은 자신이 처한 상황을 능동적으로 헤쳐 나갈 수 없다는 무력감에 빠졌다.

1865년 10월, 이에모치 쇼군은 조정에 정이대장군의 대임을 수행할 능력이 없다면서 쇼군직을 요시노부에게 이양할 뜻을 전했다. 그러나 조정에서는 이를 받아들이지 않았다. 이에모치는 천황 앞에서 더욱 작아졌다. 도쿠가와 쇼군 15대 중 스스로 쇼군직 사임을 표명한 것은 이에사다가 처음이고 마지막이었다.

막부는 양이파의 선봉인 조슈번을 두 차례에 걸쳐 정벌했는데, 제2차 정벌 때에는 쇼군 이에모치도 직접 참전해 오사카성에 본영을 구축했다. 막부군의 참패 소식이 잇달아 들어오는 가운데, 1866년 7월 21일 스무 살의 이에모치는 오사카성에서 협심증이 발작해 젊디젊은 나이에 급사하고 말았다. 도쿠가와 막부가 개설된 이래 쇼군이 에도 이외의 외지에서 죽음을 맞이한 일은 전례가 없는 사건이었다.

가즈노미야는 스무 살에 미망인이 되었다. 짧은 4년의 결혼 생활이 한 줄기 연기처럼 스러졌다. 그녀는 주변을 정리한 후 1866년 12월 삭발하고 불문에 들어섰다. 훗날 제15대 쇼군 도쿠가와 요시노부가 대정봉환을 한 후, 가즈노미야는 황실과 접촉하여 도쿠가와 가문의 존속을 위해 나름대로 최선을 다했다. 메이지 유신 후에 가즈노미야는 도쿄에서 도쿠가와 가문의 사람들과 교류하면서 지내다가 32세로 병사하여 도쿄에 있는 조조지^{增上寺}의 이에모치 묘지 옆에 안장되었다.

칼럼

주판을 가르치는 서당, 데라코야

흔히들 조선은 문^文의 나라, 일본은 무^武의 나라라고 한다. 숭문의 국가 조선이라고 하면 식자층이 제법 두터울 법하지만 사실은 낫 놓고 기역 자도 모르는 사람이 태반이었다. 과거의 세례를 받은 정치적 엘리트 계급인 양반이야 견식이 높고 학문적 교양이 있었다고 하겠으나 서민들은 그렇지 못했다.

한편 사무라이의 나라 일본에서는 의외로 서민들의 식자 비율이 높았다. 에도 시대의 일본에는 남성의 40퍼센트, 여성의 25퍼센트가 읽고 쓰고 셈할 줄 알았다고 한다. 자녀를 위한 교육기관으로 데라코야寺子屋가 상공업의 발전과 더불어 에도, 교토 등의 도시에 개설되기 시작하여 점차 농어촌으로 확대되었다. 18세기 중엽에 에도에만 80여 곳의 데라코야가 있었는데, 일본 문부성이 1883년에 실시한 조사에 따르면 전국에 개설된 데라코야는 1만 6,560개에 달했다.

데라코야는 승려가 데라, 즉 절寺에 글방을 연 데서 붙여진 이름으로 사립학교로서의 성격이 강했다. 데라코야의 규모도 모두 달라서, 작은 곳은 학생 수가 10~20명이었지만 200명이나 되는 큰 곳도 있었다. 대부분 남녀공학이었는데, 학생들의 연령이 제각각이라 개별지도 방식을 사용할 수밖에 없었다. 교재도, 학습기간도 일정하게 정해진 것이 없었다.

데라코야의 교육은 한자를 기본적으로 가르치는 조선의 서당과 크게 다르지 않았으나 그 내용은 판이했다. 데라코야에서는 실생활에 필요한 읽고 쓸 정도의 능력을 가르치는 것이 목표였다. 가장 널리 사용된 텍스트는 주고받은 편지 형식의 『왕래물往來物』이었으며 이를 독본용·습자용으로 사용하여 읽고 쓰기를 가르쳤다. 『왕래물』은 농어촌과 상인의 자제들이 실제 생활을 지장 없이 해나가고 가업을 이어가는 데 필요한 기본적인 지식, 어휘, 역사, 지리, 서한 등의 실용적인 내용을 주로 다루고 있다. 출세를 위한 학문이 아니라 먹고사는 데 필요한 지식과 능력을 개발하고 익히는 데 힘을 쏟았다.

조선의 서당에서는 생각할 수도 없는 주판, 곧 셈하기도 가르쳤다. 이는 학생 중에 상인의 자제가 많았기 때문이었다. 상인의 자제들은 가게를 이어받고 훌륭한 상인이 되기 위해 무엇보다도 주판을 열심히 익혀야 했다. 주판은 중국을 거쳐 16세기 말 일본에 전해져 널리 보급되었다.

재일교포 사학자 강재언(1926~2017) 교수가 지적한 바와 같이 데라코야 교육 내용의 다양성과 실용성이야말로 메이지 유신 이후 일본이 구식 교육에서 신교육으로 자연스럽게 전환할 수 있었던 배경이었다고 할 수 있다. 유교 본위가 아니라 실용 본위라면 교육 내용을 양학으로 전환하는 데서도 심한 저항감이 없었을 것이기 때문이다.

데라코야 이외에 사무라이 자제들을 위한 교육기관으로는 지방 공립학교라고 할 수 있는 번교藩校가 있었는데, 규율이 엄격하고 교육 수준도 일반 데라코야보다 훨씬 높았다. 우수한 서민들의 자제들도 데라코야를 마친 후 진학할 수 있었으며, 막부 말기에는 번교가 200개가 넘었다고 한다.

근대화에 기여한 사숙私塾도 있었다. 사숙은 원래 고명한 학자나 교육자가 자신의 학설을 직접 펼치기 위해서, 또는 교육적 관심에서 개인적으로 개설한 교육기관이다. 메이지 시대의 지도자를 다수 배출한 조슈의 요시다 쇼인吉田松蔭의 쇼카손주쿠松下村塾와 오사카의 오가타 고안緒方洪庵이 개설한 데키주쿠適塾 등이 대표적인 사숙이라고 하겠다.

메이지 유신 이후 일본이 단기간 내에 서구 문화를 받아들일 수 있었던 것도 사실 사숙이 있었기 때문이다. 메이지 정부는 1872년 8월 프랑스의 교육제도를 모방해 근대적 학교제도의 기본이 되는 학제를 공포하고, 전국을 8개의 대학구大學區로, 1개의 대학구를 32개의 중학구中學區로, 1개의 중학구를 210개의 소학구小學區로 나누어 우선 1개 소학구에 1개 초등학교의 설립 계획을 세웠다. 메이지 정부는 "마을마다 배우지 않는 집이 없고, 집집마다 배우지 않는 사람이 없다"는 구호를 내걸고 전국적으로 교육의 기회를 확충했다. 학제가 실시된 3년 후인 1875년에는 데라코야를 근대적 교육기관으로 재편하여 2만 4,225개의 초등학교를 설립하였다.

데라코야 이래의 21세기의 오늘에 이르기까지 일본인의 배움의 자세는 늘 왕성한 호기심으로 가득 차있고, 실용적인 교육관과 유연한 자세를 견지해 왔다. 일본은 기인이 많은 나라이다. 주위에서 그 기인들을 웃음 띤 얼굴로 지켜보는 포용성이 국가 발전의 저력이라고 하겠다.

제15대 쇼군
도쿠가와 요시노부德川慶喜

도쿠가와 막부의 제15대 쇼군이자 최후의 쇼군인 도쿠가와 요시노부는 도쿠가와 이에야스의 열한 번째 아들이 세운 고산케의 하나인 미토(이바라키현)의 도쿠가와 나리아키德川齊昭(1800~1860)의 일곱째 아들로 태어났다.

나리아키는 고산케의 신분이면서도 1829년 미토 번주에 취임한 이래, 막부의 대외 정책에 대해 비판적 태도를 취해 왔다. 그는 강력한 국방 정책 수립에 필요한 재정을 조달하기 위해, 쇼군의 정실과 측실들이 거처하는 오오쿠의 씀씀이를 대폭 줄여야 한다고 주장했다. 이로 인해 오오쿠는 나리아키 반대파의 거점이 되었다. 나리아키는 아들을 37명이나 두었는데, 직자를 제외하고는 모두 다른 집안에 양자로 보낼 셈이었다. 그는 아들들이 양자로 가더라도 가문을 수치스럽게 하는 일이 없도록 하기 위해 학문과 무술을 엄격히 교육시켰다.

나리아키의 아들 요시노부는 어려서부터 영특하다는 소문이 자자했다. 열한 살에 히토쓰바시 가문의 양자가 되고 열여섯 살에 이에모치 쇼군의 후견직에 올랐다. 요시노부는 13대, 14대 쇼군의 유력한 후보로 거론되었으나 막부 내의 파벌 분쟁으로 성사되지 못했다.

1866년 7월, 제14대 쇼군 이에모치가 스무 살에 후사도 남기지 않고 급사하자 요시노부가 이에모치 쇼군 타계 5개월 후인 12월에 제15대 쇼군에 올랐다. 주변에서는 '도쿠가와 이에야스가 다시 살아난 것 같다'라며 요시노부 쇼군에 대한 기대감을 드러냈다.

요시노부 쇼군은 프랑스의 지원을 받아 막부의 정치와 군사 개혁에 착수하고자 했다. 나폴레옹 3세가 선물한 군복을 입고 찍은 사

제15대 도쿠가와 요시노부

德川慶喜, 1837~1913

생몰년(향년) : 1837년 9월 29일 ~ 1913년 11월 22일(76세)

재직연대(기간) : 1866년 12월 5일 ~ 1867년 12월 9일(1년)

사인 : 급성폐렴   추정 신장 : 미상   측실 수 : 미상   자녀 수 : 24명

진이 현재 이바라키 현립 역사관에 소장되어 있는 것은 그의 프랑스에 대한 기대를 단적으로 말해주는 것이다. 그러나 도쿠가와 막부는 이미 내리막길로 치닫고 있었기에, 그가 아무리 뛰어난 재주를 가졌다 해도 뾰족한 수가 없었다.

1866년 1월 사쓰마(가고시마현)와 조슈(야마구치현) 간에 삿초동맹薩長同盟이 성립되자 기세가 오른 도막파 세력들은 호시탐탐 도막의 기회를 노리고 있었다. 요시노부 쇼군의 취임 20일 후 고메이 천황이 타계하고, 1867년 1월 메이지 천황이 취임하자 조정도 도막으로 기울어져 사면초가의 상황이었다.

요시노부는 선수를 치기로 했다. 1867년 10월 14일, 천황으로부터 위양받았던 정권을 다시 천황에게 돌려준다는 대정봉환大政奉還을 상주하자 조정은 기다렸다는 듯이 다음 날 이를 받아들인다는 칙허를 내렸다. 이로써 미나모토노 요리토모가 가마쿠라 막부를 개설한 이래 약 700년간 이어져 온 무가 정권이 마침내 막을 내리게 된다.

막부가 대정봉환을 했지만 경제력이나 군사력 그리고 260년간의 통치 경험은 도막파들도 결코 무시할 수 없었다. 요시노부 쇼군은 유럽의 정치와 법제도에 밝은 니시 아마네西周(1829~1897)로부터 유럽의 삼권분립 등을 청취하고 나름대로 생각을 하게 되었다. 천황을 내세우고 새로운 형태의 정부를 조직하고 자신이 수반이 되려는 의도였다. 이를 간파한 사쓰마·조슈는 12월 9일, 메이지 천황 명의의 왕정복고대호령王政復古大號令을 발하여 요시노부를 신정부에서 배제해 버렸다. 왕정복고 쿠데타였다. 이로써 새로운 정치 시스템하에서

일본인과 쇼군

원래의 막부 세력을 유지하려고 했던 요시노부의 계획은 완전히 물거품이 되고 말았다.

1867년 말, 에도 시가지는 어수선하고 불안했다. 사이고 다카모리西鄕隆盛(1827~1877)의 밀명을 받은 낭사들이 구 막부를 도발할 목적으로 약탈과 폭행을 자행했다. 이와 같은 소식이 오사카에 전해지자 구 막부군들은 '사쓰마·조슈를 토벌해야 한다'고 들고 일어났다. 이와 같은 분노의 소리가 높아지자 요시노부도 어쩔 수 없이 출병을 결심하게 되었다.

1868년 1월 요시노부는 선발대를 앞세워 오사카를 출발했고 교토 교외의 도바鳥羽와 후시미伏見에 포진했다. 도쿠가와군은 1만 5천 명, 이에 대치하는 도막군은 사쓰마, 조슈, 도사土佐군을 합쳐 5천 명 정도였다. 요시노부 쇼군과 도쿠가와 측은 이기는 싸움이라 생각했다. 그런데 1월 3일부터 6일까지 전투를 벌인 결과, 중과부적일 것이라는 예상을 깨고 도막군이 승리했다. 최신의 장비와 서양식 훈련을 받은 강력한 사쓰마·조슈군을 당할 수 없었던 것이다. 도바·후시미 전투에서 시작된 보신전쟁은 1869년 5월 18일 구 막부군이 하코다테 전투에서 항복할 때까지 계속되었다. 이 전쟁으로 양쪽이 합쳐 8천 명 이상의 전사자를 냈다.

도막파는 심리전에서부터 승리했다고 할 수 있는데, 오쿠보 도시미치大久保利通(1830~1878)와 이와쿠라 도모미岩倉具視가 천황을 상징하는 '니시키의 미하타錦の御旗' 군기를 내걸었기 때문이다. 천황기를 내걸은 그 순간부터 도막군은 정의의 군대 즉 관군官軍이 되었고, 이에 저항하는 도쿠가와군은 조정의 적, 즉 조적朝敵으로 전락하고 말았다. 졸지에 천황의 적이 되어 버린 도쿠가와군은 정신적 공황 상태에 빠져 싸울 힘이 없었다. 다른 번들도 조적이 된 도쿠가와군을 소 닭 보듯이 했다.

전투 중에 감기 기운으로 오사카성으로 돌아와 쉬고 있던 요시노부 쇼군에게 패전의 비보가 날아들었다. 하지만 병사들 대부분은 도바·후시미 전투의 패배에 개의치 말고 끝까지 싸워야 한다며, 쇼군의 출전을 촉구했다. 이에 호응이라노 하듯 1월 5일 요시노부는 이렇게 선언했다. "만 명이 전사하고 단 한 명만 남더라도 오사카성을 진지 삼아 싸울 것이다. 오사카성이 함락되면 에도성이 있고, 에도성이 함락되면 미토성이 있다. 결코 중도에 포기하지 않고 최후의 최후까지 싸우겠노라!" 요시노부의 결의에 찬 반격 선언에 병사들은 함성으로 화답했다.

그러나 병사들이 출격 준비에 여념이 없던 1월 6일 밤, 요시노부는 측근 몇 명만 데리고 오사카성을 몰래 빠져나갔다. 오사카만에 정박 중인 막부 군함 개양호開陽丸를 타고 에도로 줄행랑을 놓은 것이다. 종말의 위기에 처한 막부의 구세주가 될 것이라는 기대 속에 화려하게 데뷔했지만 결국은 파렴치한 변절자로 돌변하고 말았다. 요시노부가 오사카성에서 도주하는 대신 할복 자살이라도 했더라면 최후의 쇼군으로서 전설적인 인물이 되었을 터이다.

쇼군에게 버림받은 병사들은 전의를 상실하고 괴멸적인 패전을 맞이했다. 에도로 야반도주한 쇼군은 우에노의 간에이지寬永寺로 피

일본인과 쇼군

신하여 바짝 엎드려 지내며 상황을 주시했다. '라스트 쇼군'의 머릿속엔 전쟁터에 버리고 온 병사들은 없었다. 오로지 도쿠가와 가문의 존속만이 관심사였다. 1월 17일 그는 고메이 천황의 여동생으로 14대 도쿠가와 이에모치 쇼군과 정략 결혼한 가즈노미야를 면담했다. 도쿠가와 가문의 존속을 위해 도와주기를 간청한 것이다. 가즈노미야는 조정의 유력자를 통해 천황에게 요시노부의 구명과 도쿠가와 가문의 존속을 위한 탄원서를 제출했다.

한편 도바·후시미 전투에서 승리한 신정부군은 무력 도막파의 사이고 다카모리와 오쿠보 도시미치 등이 실권을 장악했다. 그들은 요시노부가 개양호로 도주한 다음 날 요시노부 토벌령을 발령했다. 도바·후시미 전투를 지켜본 관서 지방의 여러 번들과 호상들이 모두 신정부 지지로 돌아섰다. 구 막부령의 수입을 몰수하여 신정부의 재정에 충당하는 등 정권의 기반도 점차 확립되어 갔다. 한때 막부에 호의를 보이던 각국의 외교관들도 중립을 선언하고 사태의 추이를 지켜보고 있었다.

2월 9일 아리스가와 다루히토 황자를 동정대총독東征大總督으로 하고, 사이고 다카모리를 참모로 한 5만여 명의 관군이 '끝까지 싸워라'는 노래를 우렁차게 부르며 에도로 진군했다. 다루히토 대총독은 가즈노미야와 정혼한 사이였지만 막부와 조정 간의 공무합체를 위해 파혼해야 했던 슬픈 사연의 주인공이다. 관군이 진군하는 중에 간헐적으로 구 막부군이 공격해 왔지만 빗나간 화살에 불과했다. 관군은 에도에서 멀지 않은 시즈오카의 슨푸에 총독부를 설치했다. 3월 5일, 슨푸에 진입한 다루히토 동정대총독은 3월 15일을 에도 총공격일로 결정했다.

이때 요시노부 쇼군으로부터 사후 수습을 위임받은 가쓰 가이슈勝海舟는 전쟁을 피하고 도쿠가와 가문을 지키기 위해 모든 인맥을 동원했다. 마침내 3월 13일과 14일 양일간 에도의 사쓰마번 저택에서 사이고 다카모리와의 회담이 시작되었다. 구 막부군의 무장 해제와 4월 11일 에도성 명도를 조건으로, 도쿠가와 가문의 존속과 요시노부의 미토번 근신이 받아들여져 에도성 공격은 중지되었다. 3월 15일 총공격을 하루 앞둔 시점이었다. 이에 따라 막부는 7월 에도를 동쪽의 교토라는 의미로 도쿄東京로 개칭하고, 9월 연호를 메이지로 개원했다. 막번체제 국가에서 근대 천황제 국가로 전환한 메이지 유신의 제일보다.

만약 막부군과 관군 간에 전투가 벌어졌다면 에도성은 물론 시가지 전체가 불바다가 되고 엄청난 인명 피해가 발생했을 것이다. 에도 무혈입성을 실현시킨 사이고 다카모리를 '에도를 구한 사이고'라고 칭송하는 것은 결코 입에 바른 소리가 아니다. 영국 파크스Harry S. Parkes(1828~1885) 공사도 사쓰마 측에 전쟁을 하지 말 것을 종용했다. 당시 일본과의 무역으로 재미를 보고 있던 영국으로서는 100만 인구의 에도에서 전쟁이 터질 경우 대일 무역에 문제가 생길 것으로 판단한 것이다. 메이지 유신 직전의 대일 무역에서 차지하는 영국의 지위는 수입과 수출 모두 80% 이상이었다.

메이지 신정부 출범에 즈음 도쿠가와 요시노부를 자인시키자는 의견도 있었으나 사이고 다카모리의 도움으로 간신히 목숨을 부지할 수 있었다. 그 후 도쿠가와 요시노부는 76세로 타계할 때까지 50년 가까운 긴 세월 동안 근신하면서 정치와는 거리를 두고 도락으로 여생을 보냈다. 그중 30년 동안은 시즈오카에서 '조용한 언덕'이란 지명 그대로 조용하게 지냈다.

요시노부는 1898년 초에 도쿄로 이사하고 난 후에는 황실과 왕래하면서 공작 작위와 격이 높은 훈장을 수여받기도 했다. 이는 메이지 신정부가 요시노부의 메이지 유신의 달성에 일익을 담당한 공을 인정한 것이다. 부전자전이라더니 요시노부 역시 30명의 측실을 두었고 슬하에 22명의 자녀를 두었다. 매일 아침 정원에서 활을 3시간 정도 쏘고 사냥 등으로 신체를 단련했던 덕분일까. 그는 이렇다할 병치레 없이 '행복한 패배자의 인생'을 즐기다가 1913년 파란만장한 생을 마감했다. 아이러니하게도 요시노부는 역대 15명의 쇼군 중 재임기간은 최단기인 1년에 불과했지만 76세로 타계하여 최장수 기록을 남겼다.

칼럼

쇼군 도쿠가와 요시노부와 시부사와 에이이치

2024년 7월부터 일본 지폐의 1만 엔권, 5천 엔권, 1천 엔권에 실린 초상이 바뀌었다. 1만 엔권에는 시부사와 에이이치澁澤榮一

(1840~1931), 5천 엔권에는 쓰다 우메코津田梅子, 1천 엔권에는 기타자토 시바사부로北里柴三郎가 등장하였다. 이들은 메이지 유신 이후의 일본 실업계, 여성 교육, 의학 분야의 선구자들이다.

1873년 6월 시부사와는 미국의 '내셔널 뱅크'를 모델로 일본 최초의 은행인 '제일국립은행'을 설립했다. 국립 은행이라고는 했지만 오늘날 한국은행과 같은 중앙 은행의 의미가 아니라 '국립은행조례'에 의해 설립된 은행임을 뜻한다. 'Bank'를 '은행'으로 번역한 최초의 인물이 바로 시부사와다.

1876년에 조일수호조약이 체결되자, 제일국립은행은 1878년 부산에 지점을 개설하여 일본의 경제 침탈과 대륙 진출을 지원했다. 우리나라 최초의 철도인 경인철도의 부설권을 획득한 사람도 시부사와였다. 중간에 미국인의 손을 거치긴 했지만 말이다. 1902년부터 1904년까지, 대한제국에서 발행한 제일 은행권의 1원, 5원, 10원권에는 시부사와의 초상이 있었다. 1906년 한국통감으로 부임한 이토 히로부미가 일본 민간 은행의 은행권이 한 나라의 지폐로 사용되는 것은 문제가 있다고 지적하여 이후 조선 은행권으로 교체되었다.

시부사와는 일본 은행권 초상의 후보로 자주 거론된 인물이다. 일본을 대표하는 경제인이자 초대 지폐 인쇄국장이었기 때문이다. 1963년 11월에 발행된 천 엔권의 후보로 최종 심사까지 오르기도 했다. 그러나 당시에는 위조 방지 기술이 변변치 않아서 지폐 모델은 일반적으로 수염이 많은 인물이었다. 시부사와는 수염이 적다는

일본인과 쇼군

이유로 탈락되었다. 그 후 위조 방지 기술이 대폭 향상되어, 수염이 없는 여성의 초상도 사용할 수 있게 되었다. 마침내 2024년 7월 시부사와가 40년간 1만 엔권 지폐를 장식하던 후쿠자와 유키치를 대체하게 되었다. 후쿠자와는 1885년 3월 16일 자『시사신보』에 탈아론을 게재했다. 조선과 중국을 비문명적인 야만국으로 규정하고 일본은 이들 악우들과 절연하고 유럽을 본받아야 한다는 이른바 '탈아입구脫亞入歐'를 주장했다. 탈아론은 2천 자 정도의 짧은 논설이지만, 근린 국가를 보는 민중의 의식과 일본 정부의 아시아 정책에 이 논설만큼 부정적 영향을 끼친 것도 드물다.

시부사와 에이이치는 에도 말기에 현재의 사이타마현 무사시노武藏野에서 태어났다. 시부사와의 집안은 염색 재료인 쪽藍의 가공, 판매와 양잠 사업을 했으며 부업으로 쌀, 보리, 채소도 경작한 부농이었다. 원료의 매입과 판매를 하기 위해서는 항상 주판을 다뤄야 하는 등 상업적 재능이 필요했다. 훗날 시부사와가 쓴『논어와 주판論語と算盤』의 배경은 가업에서 비롯된 것으로 보인다.

시부사와는 일곱 살 무렵부터 사촌 형에게 사서오경, 일본 역사 등을 공부하는 한편 검술도 익혔다. 20대 초에는 에도로 유학 가서 유명한 검술 도장에 입문했다. 1853년 미일화친조약 체결로 세상이 어수선하던 때, 시부사와는 반막부·반외세 정치운동에 가담했다. 그는 지금의 군마현인 다카사키성高崎城의 무기를 탈취하여 요코하마 외국인 거주지를 불태우고 막부 타도 운동에 앞장설 계획이었으나, 주변 사람들의 권고로 생각을 바꾸게 되었다.

1864년 에도 유학 중에 알게 된 히토쓰바시번의 가신 히라오카 엔시로平岡四郎(1822~1864)의 천거로 사부사와 에이이치는 히토쓰바시 요시노부를 섬기게 되었다. 14대 쇼군 이에모치가 병사한 후 주군인 요시노부가 도쿠가와 종가를 승계하여 1866년 12월 도쿠가와 요시노부로 제15대 쇼군의 자리에 오르자, 시부사와는 막부의 신하가 되었다. 그는 농민에서 사무라이로, 존왕양이파에서 막부의 신하로 발 빠르게 변신에 변신을 거듭한 셈이다. 시부사와 에이이치는 1918년 78세 때『도쿠가와 요시노부 공전德川慶喜公傳』을 간행하여 요시노부 쇼군에 대한 존경과 감사의 마음을 표현했다.

1867년 1월 쇼군의 동생 도쿠가와 아키다케德川昭武(1853~1910)가 쇼군의 대리로서 파리에서 개최되는 만국박람회에 일본 대표단을 인솔하여 참석하게 되었다. 이때 시부사와는 재무 담당으로 수행했다. 시부사와는 반년 이상 프랑스에 체재하는 동안, 통역의 도움을 받아 은행가 폴 플루리 에라르Paul Flury-Hérard(1836~1913)로부터 은행, 주식 거래, 공채 등 프랑스 경제 시스템 전반에 대해 상당히 깊이 있는 지식을 흡수할 수 있었다. 경제야말로 국가의 기본이며, 원활한 경제 운용을 위해서는 금융 조직의 정비가 선결되어야 한다는 생각을 갖게 되었다. 시부사와는 파리에 머물 때, 대표단의 체재비 일부를 주식에 투자해 대표단의 여비를 충당할 정도의 수익을 올렸다니 이재의 천재라 할 만 하다.

일본 대표단은 만국박람회 참관 후에 유럽 각국을 순방했다. 시부사와는 순방 중에 얻은 서구의 사회, 경제 조직에 대한 실제적 지

일본인과 쇼군

식을 근대 일본의 은행, 철도, 광산, 선박, 제강 등 각 분야에 활용하여, 메이지 신정부의 '부국강병'과 '식산흥업'이라는 양대 정책 중 하나인 식산흥업을 주도하는 인물로 부상하게 되었다. 프랑스 도항이 '일본 자본주의의 아버지'를 낳는 결정적 계기가 된 것이다.

1868년 12월 귀국한 시부사와는 과장급으로 대장성大藏省(재무성)에 입성하여 주식회사 및 통화 제도의 확립에 진력했다. 그 공로를 인정받아 차관급으로 승진했지만 1873년에 사직했다. 그 후 실업계에 투신해 활동하던 중에도 대장대신으로 입각해 달라는 요청을 받았지만 완곡히 거절하고 오로지 한길로 매진했다. 시부사와는 1926년과 1927년, 두 차례 노벨 평화상 후보에 오른 적도 있다.

시부사와는 91세로 타계할 때까지 금융, 가스, 철도 등의 인프라를 중심으로 한 500여 개의 기업 설립에 관여했다. 또한 일본적십자사, 이화학연구소, 히토쓰바시대학, 일본여자대학 등 약 600개 조직의 창립에 관여했다. 그가 설립에 관여한 기업 중 약 60%에 해당하는 296개가 창업 후 120년 이상 존속했다. 그 후 업계의 재편에 의한 기업 합병과 경영 통합으로 그 수는 현재 186개로 조정되었으나 시부사와의 경영 철학은 기업 이념이란 형태로 면면히 전해지고 있다.

'도덕과 경제 합일설'을 표방한 시부사와의 기업 이념은 1916년에 간행된 그의 저서『논어와 주판』에 집약되어 있다. 그는 동양의 고전『논어』에서 인격을 배우고, 자본주의의 이익 추구 일변도가 아니라 균형을 갖추는 것이 중요하다고 하면서 윤리와 이익의 양립을 제창했다. 기업 경영을 통해 얻은 이익을 독점하는 것이 아니라 부의 사회적 환원이 필요하다고도 주장했다. 도덕과 유리된 기만, 부도덕, 권모술수를 이용한 축재는 진정한 부의 축적이 아니라고 일갈했다. 시부사와는 실제로 자기의 경영 철학을 실천했던 인물로 일본인들에게 존경받고 있다.

에필로그

12세기 말 미나모토 요리토모가 가마쿠라에 막부를 개창하면서 무가 정권이 본격적으로 시작되었다. 가마쿠라 막부 시대는 미나모토가 3대 십수 년, 당대의 실력자 호조씨 시대를 합쳐도 140여 년에 불과했다. 무로마치 막부 시대는 아시카가씨 15대, 230여 년이라고 하지만 그 대부분은 교토의 지방 정권적 존재에 불과했다.

도쿠가와가德川家는 1603년 도쿠가와 이에야스가 에도 막부를 개설하여 1867년 10월 15대 쇼군 요시노부가 대정봉환大政奉還을 상주할 때까지 260여 년간에 걸쳐 일본을 통치했다. 도쿠가와 막부는 가마쿠라 막부와 무로마치 막부와는 달리 일본 전국을 지배하고, 안정된 장기 정권으로 중세로부터 근대로의 가교 역할을 했다.

도쿠가와 정권이 260여 년간 지속될 수 있었던 것은 뭐니 뭐니 해도 막부의 개조 도쿠가와 이에야스에 힘입은 바 크다. 이에야스는 역대 쇼군들이 신군神君으로 추앙할 정도였기 때문에 도쿠가와 막부에서는 역설적으로 시대의 흐름에 따라 그를 뛰어넘을 혁신적인 인물이 배출되지 못했다.

장기 정권의 두 번째 요인으로는 100년간에 걸친 피비린내 나는 센고쿠 시대의 동란기를 경험한 백성들이 마을로부터 평화를 희구하고 있었던 때문이라고 하겠다. 세계 역사상 일본 정도 규모의 나라가 260년이 넘도록 큰 전쟁 한 번 없이 평화가 지속된 예는 찾아보기 어렵다. 에도 시대 조선과 일본은 심리적으로는 상호 멸시하는 면이 없지 않았으나 적어도 표면적으로는 어느 시대보다 우호적 관계를 유지했다. 다만 조선 측이 일본의 실상과 변화 과정을 관심 있게 주목하지 못한 점이 아쉽다.

오다가織田家가 노부나가, 노부타다 2대로 멸망하고, 도요토미가豊臣家도 히데요시, 히데요리로 2대로 끝장이 나고 말았다. 이에야스는 이를 교훈 삼아 도쿠가와 혈통을 유지하는 제도적 장치 마련에 부심했다. 즉 9남, 10남, 11남으로 하여금 각각 오와리 도쿠가와가, 기이 도쿠가와가, 미토 도쿠가와가를 세워 도쿠가와 종가가 단절될 경우, 쇼군 후계자를 낼 수 있는 3가의 가문, 즉 고산케를 창설해놓았다. 또한 능력보다는 장자 상속의 원칙을 확립하여 승계 문제를 둘러싼 형제간의 분쟁을 사전에 차단하였다.

반석과 같은 정권이라도 시대의 변화에는 당할 수 없는 법이다. 세계 자본주의의 확립기에 내항한 미국 페리 제독을 비롯한 열강의 압력으로 정치에서 소외된 번과 하급 무사들에게 어렴풋하나마 막번의 경계를 넘어선 하나 된 일본이라는 의식이 생겨나게 되었다. 그리고 외압으로 평화를 유지하지 못하게 된 막부를 태연히 버리고 새로운 정치권력을 수립하여 일본을 지키고자 했다. 그것이 메이지 유신이다.

부연하자면 메이지 유신이란 전술한 정치 과정을 통해 막부가 무너지고, 번藩제도를 폐지하여 종래의 통치체제, 즉 천황의 친정 체제로 돌아간다는 복고적 개념이다. 유신 정부가 선택한 '메이지 유신'의 영어 표기는 'The Meiji Revolution'이 아니라 'The Meiji Restoration'이었다. 역사에 비약은 없다고 한다. 에도 막부의 260여 년 동안 축적된 지적·물적 자산이 없었더라면 메이지 유신 이후 일본의 급속한 근대화는 기대할 수 없었을 것이다. 이런 의미에서 도쿠가와 막부는 메이지 유신의 마중물 역할을 톡톡히 했다.

끝으로 낯선 인명이 넘쳐나는 졸저, '팔순 기념작'을 끝까지 읽어주신 독자 여러분에게 감사한 마음을 전하며, 이 책이 일본과 일본인을 이해하는 데 다소라도 도움이 되었으면 한다.

참고문헌

가사하라 히데히코(笠原英彦), 『역대 천황총람』, 中公新書.

가타노 쓰기오(片野次雄), 『도쿠가와 요시무네와 조선 통신사』, 誠文堂新光社.

고에 출판부(光榮出版部), 『도쿠가와 15대』.

다카야나기 미쓰토시·다케우치 리조 편(高柳光寿·竹内理三 編), 『가도가와 일본사 사전』, 角川書店.

시노다 다쓰아키(篠田達明), 『도쿠가와 쇼군가 15대의 카르테』, 新潮社.

신인물왕래사 편, 『도쿠가와가 역사대사전』.

오와다 데쓰오(小和田哲男), 『센고쿠 다이묘』, 教育社.

오와다 데쓰오(小和田哲男), 『도쿠가와 15대의 통신부』, 大和書房.

오이시 마나부(大石学), 『한 권으로 알 수 있는 가마쿠라시대』, 河出書房新社.

오이시 마나부(大石学), 『한 권으로 알 수 있는 무로마치시대』, 河出書房新社.

일본사광사전편집위원회 편, 『일본사광사전』, 山川出版社.

혼고 가즈토(本郷和人), 『쇼군의 일본사』, 中公新書.